心の
ライフライン

気づかなかった自分を発見する

河村茂雄

誠信書房

まえがき

この本は若者向けに書いたものです。ですから、多くの若い方に、ライフラインのやり方をヒントにして、自分を見つめてほしいと思います。それとともに、多くの大人、たとえば学校の教師、企業の管理職、そして親御さんにも読んでいただきたいと思っています。若い世代の心がわからないと嘆くまえに、若者の本音や感情を感じてほしいと思います。ですから、まえがきは、若者向けと大人向けの二部構成で書かせていただきます。

若い世代の方がたへ

本書の第2章に登場する人たちは、物心がついたときには、すでに日本は学歴社会を土台とした経済的に豊かな社会に生まれた青年たちです。彼らは、学歴社会では特別にエリートでもなく、それぞれいろいろな問題に悩みながら、小学校→中学校→高校→大学と続く、学歴のラインから外れることもなかった人たちです。彼らなりに頑張り、中の上くらいといわれる大学に進学し、四年間を過ごしました。対外的に特別目立つこともなかったし、大きくはめを外すこともなかったのです。このような彼らは、日本の学校教育が育てた、教師の指導目標に近い、最大公約数の人間像ではないでしょうか。しかし、小・中・高校・大学を通して、周りにはささいなことに見えても、彼らにとっては大きな問題が渦巻き、そのなかで悩み、生きてきたのです。そして、今、自分というものを自分なりに捉え直し、自分らしく生きていこうともがいているのです。これは人間にとってとても必要なことだと思います。

かつて、四畳半のアパートで、朝まで酒を飲みながら、仲間たちと人生論や社会体制について本音で語りあった親の世代がありました。しかし、現代の青年は、彼らを取り巻く社会環境の背景もあって、友人関係は稀薄になっています。そのなかでの自分探しは難しいことでしょう。

私は大学生を対象に、構成的グループ・エンカウンターという集団体験学習を実施しています。集団体験や対人関係の喜びを体験しながら、自己理解や他者理解を深めるのが目的です。この構成的グループ・エンカウンターのワークショップのなかで、本書で紹介するライフラインを何回か実施したところ、とても好評でした。それは、ライフラインが自分を見つめる有効な手がかりとなったからです。

ところで、ライフラインとは、自分の生きてきた道筋を、自分が感じた幸福感の高低によって一本の線でつないだものです。何があったかよりも、それを現在の自分はどのように捉えているのかを重視し、現在の自分に対する理解を深めていこうというものです。幸福感の高低は主観的なものであり、時間の区切りも主観的でよいのです。ある人には、特定の出来事があった時期がたとえ一年間でも、二、三年に感じたということもあるでしょう。ライフラインに取り組んだ学生たちは、大いに自分を語り、他の学生たちのライフラインにも非常に熱心に耳を傾けていました。対人関係が稀薄な大学生は、自分の生き方の座標軸を確立しようと試行錯誤する際に、周りの人の本音の思いや考えを、何かの形で取り入れたい、参考にしたいと欲しているのでしょう。

構成的グループ・エンカウンターのワークショップのあと、必ず数人の学生が、もっと他の人のライフラインを聞きたい、参考にしたいという希望を伝えてきます。彼らは真剣そのものです。そこで、私がいろいろな場所で実施した構成的グループ・エンカウンターに参加した学生で、自分のライフラインを公表（匿名、秘密厳守）してもよいという学生に、くわしく内容まで書いてもらったものがかなりあります。私はそれを相談室にストックし、希望する学生には、相談室のみで閲覧を許可しているのです。多くの学生が、一つひとつのライフラインのなかに自分の分身を見、ある意味では安心し、自分の生き方を考えるヒントになったと感想を述べています。

今回、そのなかから本にすることの了承を得、かつ、より多くの人のモデルになりやすいものを選択して収録したものが本書です。自分探しの旅の途中にある人たちにとって、これから進む道を決定するヒントになれば幸いです。

I wish to be myself.（自分自身でありたい）。

保護者の世代の方がたへ

小・中・高校における教育相談研修に数多く参加させていただいて、個々の児童・生徒の不登校やいじめ被害、非行、そして学級崩壊などの事例の背景に、現代の若い世代に共通するポイントがあることを感じます。それらをあげてみましょう。

①他者（親や教師、友人たち）からの評価・期待をとても気にし、いつもその期待に応えようとしているうちに、自分の好きなこと・楽しいと思うことなどの素直な感情がわからなくなっている。
②期待に応えようと相手に見せる自分と、本当の自分とのギャップに悩み、友人たちのグループからは外れたくはないのだが、本当の自分を知られるのは怖いという葛藤があり、深い対人関係を築けなくなっている。
③強固に存在する学歴社会のシステムが心に刻まれており、他者との競争意識がぬけず、常に勝ち続けていける人はごく少数なので、多くの若者が劣等感を抱いている。
④経済的に豊かになり、労働力としての社会のニーズが弱まり、社会から期待されること、地域社会の担い手として関わることが少なくなり、社会の一員としての自覚がもちにくくなっている。

⑤経済的な豊かさと、情報化の進展で、頑張ってもこれくらい、頑張らなくてもまあまあやっていけるのではないかという、自分の人生のアウトラインがだいたい見えてしまい、生きる意欲が喚起されにくい。

⑥生きている実感をもちにくく、趣味に没頭していてもどこかむなしく、したがって常に精神的に疲れた思いでいる。

大学でも学生相談にもっとも多く訪れるのは四年生です。就職という、いよいよ社会人になるという時期にきて、自分が何をしたいのか、どういうふうに生きたいのかが見えてこないのです。こういう学生に対して、「甘い」「子どもだ」と嘆く大人も多いのですが、そういう形でしか生きてこれなかった学生はとてもつらいものです。そして、さあ自分の人生をこれからどう切りひらいていくのかというテーマについて、じっくり時間をかけて考えるのは大事なことだと思います。自分が自分の人生の主役の座に、しっかり座るためにです。

自分は何者か、どのように生きたいのかという問いに対して、自分なりの考えをもっていない場合、その葛藤は残るものです。就職や転職、結婚や自分の子どもとの関係などの、人生上の大きな問題が起こる三十代、四十代、五十代、六十代のどこかで、その時点での問題の背景にこのときの未解決な問題があり、人をいっそう悩ますのです。

本書が伝えようとするメッセージは、何も若者だけの問題ではありません。親は子どもの養育を通して、自分の人生をふりかえるといいます。本書を通して、若者たちの心にふれながら、役割も肩書きもはずした一人の自分のことを、ふりかえってみてはいかがでしょうか。若者の悩みが、実は自分のこととして感じられる方が少なくないのではないでしょうか。実は筆者の私も、そのことを痛感している一人なのです。

本書が多くの方の目にふれることを願っております。

平成十二年春

河村　茂雄

目　次

本文中イラスト　渡辺聰子

第1章
ライフラインとは

なぜ私は人の目を強く気にしてしまうのだろう、なぜ本当の自分に自信がないのだろう、あるいは他人のちょっとしたひとことにすごく落ち込むなど、専門家に相談するほどではなくとも、ときどき気になっている人は多いと思います。それが心の片隅にあると、現在、今一つ生活が充実していないという思いや、将来に対して漠然とした不安をもったり、悲観的にしか展望できないということにつながります。

こういうときは、カラオケや友だちとの雑談でそういう思いを紛らわせている人が多いと思います。でも、そういう思いはその人の影のように、ずっとその人についてきます。ほんの少し勇気をだして、自分というものを見つめることが、そういう思いを解決するきっかけになることが多いのです。

次に示す二十四項目のうちで、自分で思い当たる項目が五つ以上ある人は、自分を見つめる時期かもしれません。

チェックポイント

- 常に人から愛情を求めるが、常に欲求不満である
- 一人になることを恐れる
- 何をするにも他人の同意を求めたがる
- 常にちやほやされることを求める、そうしてくれない人を憎むことがある

- 他人が自分をどう見ているかとても気にして、いい子・優等生・ブリッ子になる
- 自分を実際以上に高く他人に見せようとする、ブランド品で身を包む、ミエを張る、うそをつく、演じる
- 目立ちたがる
- 周りの人に合わせようとする
- 表面的な話題にはのれるが、内面的な話題になると口が堅くなる
- 他人の成功を喜べない、陰でけなす
- 他人への競争意識が強い
- 依存心が強い、他人を利用する面がある
- 失敗する不安があり、物事に集中できない
- 自分の感情を周りに見せないようにする
- 集団のなかで透明な自分を感じる
- 本当の自分では、誰も好きになってくれないと思っている
- 同年齢の人とのつき合いよりも、上下関係のほうが楽に感じる
- 他人のために何かやっているときは安心できる、やさしさを押しつけてしまう
- 自分の幸せのための行動に、どこか後ろめたさを感じてしまう
- 完璧な自分の姿をいつも心に描いている

・周囲にトラブルがあると、自分の責任ではないかと思ってしまう
・常に自分がしきらなければならないと思ってしまう
・ピエロを演じる
・すぐにカーッとなったり、激しく落ち込む

いかがですか。印をつけると、いくつかの似たような項目が浮かび上がってきませんか。それらについて、自分でじっくり考えてみませんか。

第1節　ライフラインを書くことの意味

私は学生を対象に、構成的グループ・エンカウンターのワークショップをよく実施しています。構成的グループ・エンカウンターとは、人工的に作られた集団で、参加者が必要以上に傷つけられないルールのもとで、本音で語り合い、感情を表に出し、今まで抑えてきた自分というものに気づくことを意図した集団体験学習です。

人は他人の評価を恐れて、自分の本音を意識して隠そうとすることがあります。そして、そういう生き方に次第に慣れてくると、最初は意識的に本音をださないようにしていたことが、意識しなくて

も人前でうまく立ち回ることができるようになるのです。しかし、それと同時に、次第に自分の本音の気持ちや感情に気がつかなくなってしまうのです。自分がどういう人間なのか、どんなことをやりたいのかが、見えなくなってしまうのです。

ライフラインは比較的容易に書ける自分史です。それも、自分の感情を中心にしています。私が宿泊を伴う構成的グループ・エンカウンターを実施する際は、ライフラインを最大の山場になるように、プログラムを作ることが多くあります。ライフラインは、自分は何者なのか、自分はどのように生きたいのかを模索するのにぴったりの課題だからです。

人が自分を確立していく過程には、次の三つの展開があります。

1　自分が感じている過去から現在までの自分の歴史に一貫性がもてる

例えば、中学時代の私は優等生で、高校ではひょうきんで積極的になったという場合、それだけを見るとその部分だけが切り取られ、一見その人が変わったのだなと思われることがあります。しかし、その人自身の背景には、中学時代では優等生として行動したことと高校時代にひょうきんに振る舞っていたことには、必ずつながりがあるのです。その二つをつないでいる部分に、自分の本音の感情や思いが隠れているのです。それに気づくことで、自分自身をより深く見つめることができるのです。

つないでいる部分には、自分のいやなところもいいところもあることでしょう。しかし、その両方が自分であって、そういう過去があって現在の私が形作られているのだと考えることができると、自分で自分を受け入れられるようになってくるのです。そうしたうえで、自分はこれから未来に向けてどのように歩んでいこうかという意欲が生まれ、方向が見えてくるのです。

2　多くの時間をともにする集団のなかで、自分の位置がある程度客観的に理解できる

例えば、「僕は、父親が社会的地位があって家庭でも絶対的な権威をもっていた家族のなかで、そういう父に服従している母と、強く反抗していた兄にはさまれ、自分の感情をあまりださないで影の薄い状態で、生活を送っていた」、「中学二年のときの学級では、乱暴で教師にも平気で食ってかかる五人の男子グループに学級全体が仕切られ、そのグループの手下のような男子グループと、学級のことは関係ないという無関心な人たち、男子の横暴に固まることで自分を守っていた女子のグループがあった。私は無関心な人たちのなかにいた。この人たちはお互いに友だち意識は少なく、どうしても班を作らなくてはならないときだけ、くっつくという感じだった。私も含めてこの人たちは、無関心をよそおうことで乱暴な男子から身を守ろうとしていたのかもしれない」という具合です。

自分と自分の所属する集団との関わりを理解することで、なんとなくそうなったという受け身の態

度ではなく、自分のある程度の意志が働いて、集団のなかでその位置を占めていたと意識できることによって、自分が見えてくるのです。

ただ、常に気の合う仲良し集団だけとつきあっている人がいます。たしかに、気が楽で、集団との一体感も得られ、孤独感をまぎらわしてくれることでしょう。しかし、その集団に埋没し、自分自身が見えなくなってしまうことも少なくありません。

3　社会との関係のなかで、自分の位置がある程度客観的に理解できる

多くの人たちは、学校生活が終わると職業について社会に出ます。職業は人びとの経済的な基盤です。それとともに、人はどういう職業についているのかによって、自分が何者なのかを証明したり、その仕事を通して自分のやりたいことを自己実現しようとする側面があります。

逆に、自分のやりたいこと、生きがいを見出していないと、どのような職業につけばよいのか選択できなくなってしまいます。とくに現代の日本は経済的に豊かになり、過半数の青年が大学まで進学します。少なくとも、生きていくための、経済的基盤として職業を考えるという切迫した思いは、親の世代よりも少なくなったと思います。自分の生き方にあわせて、職業を選びたいという人びとがふえてきたと思います。

しかし、社会は高度に産業化され、一つひとつの仕事は大きな組織のなかの一つのパーツにすぎな

いという傾向が強まり、そこに自分の生きがいを見出すことが難しくなってきています。子どもがなりたい職業が、大工さん、教師、保母さんなど、その仕事の内容をある程度イメージできるものが上位にきているのも、うなずける結果です。

したがって、学生時代のアルバイトやボランティア、地域社会とのつながりで関わった社会体験などが、重要になってくるのです。そういう社会との接点を通して、自分はどのような職業につきたいのか、どのような職業に向いているのかを考えることによって、自分を見つめるきっかけとなり、自己を確立していく視野が広がっていくのです。

この三つの展開をバランスよく、徐々に達成していくことが、自分を確立していくことにつながるのです。

ライフラインを書くと、自分の歴史に一貫性をもてるという効果を中心に、自分というものをの三つ視点で見つめるきっかけになります。一本の線のなかには、自分のいやな思い出や楽しかった日々が含まれています。そういうさまざまな経験を通して、現在の自分があるのです。

本音の自分を見つけることが少しでもできたら、未来に向かってどのようにライフラインを設定するかは、あなたの意志と取り組み方次第です。

第2節　ライフラインの取り組み方

1　ライフラインの書き方

用意するものは、B5かA4の紙一枚と、筆記用具だけです。

(1)　紙を横長におき、紙の中央に一本の線をまっすぐ横にひきます。この線が、あなたの人生の時間的な流れを示す線であるとともに、その時期その時期のあなたの感情を示す、座標軸になります。

(2)　左端の書き始めに0を記します。これがあなたの誕生時点です。右端が現在のあなたの時点です。

(3)　今のあなたに影響を与えている時期、節目の時期を横線に書き入れます。時期の長さは、定規で均等な割合になるように記す必要はありません。同じ一年間でも自分にとっては十年間に相当すると感じることもあれば、今から思うとあの三年間はあっという間だったということもあるのです。

(4)　前の(3)で区切った時期のことを、じっくり思い浮かべます。

(5)　前の(3)の時期ごとに、あなたの幸福感の高低を記します。上にいけばいくほど、幸福感が高く、下にいけばいくほど、低くなるわけです。

(6)　各時期の点を線で結びます。

これでライフラインが完成です。

ライフラインの終点を、自分が推測する自分の寿命、日本人の平均寿命にして、自分の未来を考え、ライフラインに記すやり方もあります。しかし、私はまず過去から現在までの自分を見つめ、次の展開として、未来を展望した現在の自分を見つめるというやり方が好きです。本書も、過去から現在までのライフラインを扱っています。

2　ライフラインの活用の仕方

完成したライフラインを活用する方法は、大きく分けて二通りあります。

一つめは、各時期の自分の様子や感情をできるだけ詳しく書き、完成したものを改めて見るなかで、自分の本音の感情や考え方、乗り越えていない壁、つらいときに取りがちな行動などを、発見していくやり方です。

要するに、自己分析していくわけです。これは、誰にも知られることなくできるので、本音の自分を存分にだすことができます。ただ、時間がかかることと、自分で自分を受け入れることが難しいこと、自分だけでは気づけないことがあるなどが、マイナスの点としてあげられます。

二つめは、ライフラインの内容を評価しないでそのまま受け入れてくれる人と、自分のライフラインのストーリーを語りあうやり方です。

自分のライフラインを語っているなかで、新たな感情を思い出すことが多いのです。この気づきが、自分を見つめる視点を広げていくのです。さらに、相手が真剣に聞いていてくれたり、うなずきながら聞いてくれるのを感じて、自分の思いを受け止められた満足感が得られます。その結果、自分でも自分のことを受け入れられるようになるのです。また、相手のライフラインを聞くことで、自分の悩みが自分だけが感じていることではないとわかって安心したり、共感できたり、相手の人の話が自分の新たな気づきを促したり、考えるヒントになったりします。ただ、相手の前では本音をストレートに出しにくい点と、語り合える相手を見つけることが難しいというマイナスの点もあります。

したがって、私は希望する学生を集め、自分の語れる範囲で話す、相手の話を評価せずにひたすら聞く、途中で口をはさまないなどのルールのもと、構成的グループ・エンカウンターのワークショップで、ライフラインを実施しているのです。

第2章
学生たちのライフライン

本章に登場する人たちは（すべて仮名です）、構成的グループ・エンカウンターのワークショップでライフラインに取り組み、その過程でいくつかの気づきを得ました。漠然としたむなしさやイライラは、その原因を直視し、自分なりに理解することが解決の第一歩なのです。

本章では、その気づきも含めて、彼らに自分のライフラインのストーリーを書いてもらいました。これを読むあなたも、まず、彼らのライフラインのストーリーを評価しないで、受け入れながら読んでほしいと思います。自分に似ている人、共感できる部分に気づけると思います。

そして、彼らのライフラインをヒントにして、自分を見つめようと思った人は、紙とえんぴつと静かな空間を用意して、楽な気持ちで自分のライフラインに取り組んでみましょう。

1 複数の彼に求めたもの

――鈴木由利（二十二歳、女性）

自己紹介

私は現在、大学四年生で、最近ではもっぱら趣味を充実させることに興味を持ち、映画を観に行ったり、英会話教室に通ったりと忙しい日々を過ごしています。他人から見た私は「温厚でやさしい」イメージがあるようです。確かに気が弱いところがあり、集団のなかで自分を主張するようなタイプではありません。初対面の人やたくさんの人とうまくやっていくことよりは、特定の友人とじっくりつき合うほうを得意としています。そのため、その友人に、精神的に少し寄りかかりすぎる傾向もあります。そういう癖も含めて自分のことをもっと好きになれたらと思っています。

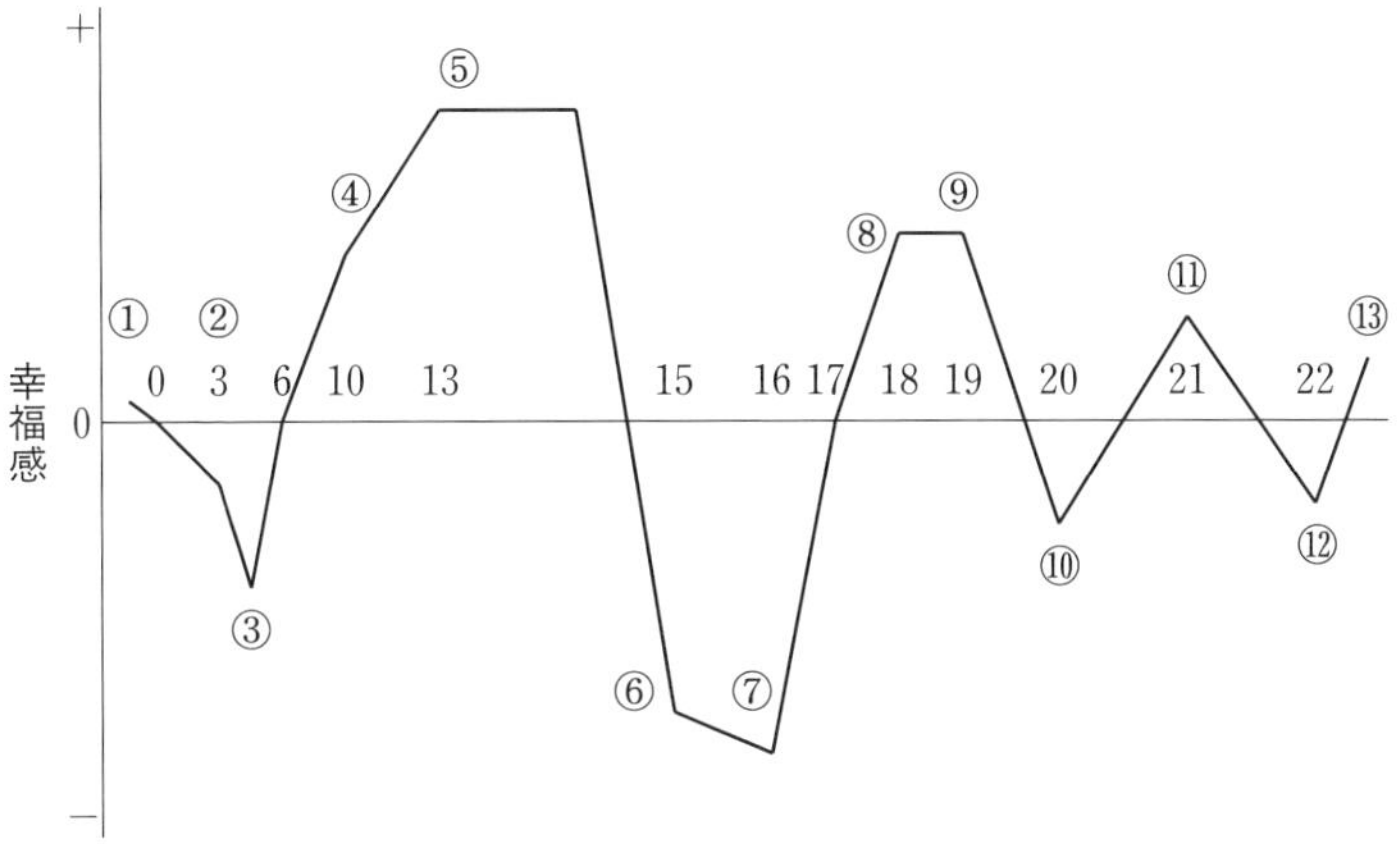

①次女として生まれる
②弟が生まれる
③姉の障害のことを知る
④リーダーの子につくような友人関係
⑤居場所があって安定，一種の全能感をもつ
⑥高校受験に失敗
⑦挫折感，敗北感でいっぱいになり，対人関係がうまくいかない
⑧一つのグループに入り，安定
⑨第一志望の大学とはまた別の大学へ
⑩恋愛関係がこじれる
⑪現在の彼ができ，依存の対象となる
⑫就職に意味が見出せなくなる
⑬現在の自分

まず始めに、私の生まれた家系について書きたいと思う。父方の祖父は男五人女四人の九人兄弟の長男で、家を継ぐ人であった。小学校を卒業後すぐ職人として一家を支え、また、多くの戦争から生還した尊い人だった。祖母は、三人姉妹の長女で、高等女学校まで卒業している裕福な家の出身だった。

そんな家庭の長男として生まれた父は、非常に大事にされ、苦労を強いられる職人ではなく、急成長する時代にのまれないような立派な学歴を持つことに価値づけされた人間となった。エリート意識は、娘の私から見てもかなり強い。

一方、母の家系は、父とは対照的であり、母方の祖父は戦争で早くに亡くなり、祖母が女手一つで娘二人を育て上げた。祖母は自宅の地下に飲み屋を開いたり文房具屋をしたりと、生計を立てるためにかなり苦労したらしい。母は、二人姉妹の妹である。祖母が頭の切れるタイプであるのに加えて、姉はそれと対等に張り合い知恵合戦をするような強いタイプであった。そのせいか、母はおとなしく、人に従って従順に生きることを自分の支えにしていた。

そんな二人が結婚したのだから、二人の間の力関係は明らかである。裕福さと学歴をもった父と貧乏で人並みな母が対等に愛しあっていたか……というと少し疑問が残る。昔ながらの、家長を尊重する家系であった。

①次女として生まれる

そんななかで、私は次女として生まれた。長男が生後一か月で死亡、長女は一歳のとき病気にかかり、知的障害を持った。実質的に三番目の子どもである私に、両親は期待をかけていたと思う。

②弟が生まれる

三歳のとき、弟が生まれた。赤ん坊の弟はとてもかわいらしく大好きであったが、長男ということだけでちやほやされていることや、両親を独り占めしていることに嫉妬した。私が今まで、誰よりも注目を浴びていたのに、急に放っておかれるようになってとても寂しかった。このころ、幼稚園でよく年少組の子をいじめていた。顔立ちがよく、小さくて弱い子だった。友だちと二人で、足と腕を持って、「ブランコだよ。楽しいでしょう」とぶんぶん振り回した。そのくせ、その子が泣くとあわてて「大丈夫？　ごめんね」と言ってやさしくなでてあげた。でも、小さい弟のことは絶対にいじめたりはしなかった。両親がとても大事にしていることが分かっていた。母親が弟をそっと私の腕に抱かせてくれたときは、小さなお母さんになったみたいでとてもうれしかった。

③姉の障害のことを知る

姉が知的障害を持っていることにはっきりと気がつく。私が小学一年生のとき、姉は同じ学校の四年生で、特別支援学級に通っていた。ある日の帰宅時、四人の男の子が姉を囲んで、口々に「こいつバカだ」「四年生のくせに1+1も分からないのかよ」「1+1は何か言ってみろよ」と言っていた。姉は、何を言われているのかも分からない様子で、ただただ自分を攻撃してくる男の子たちを前に困惑の表情を浮かべ、助けを求めるようにこちらを見た。私は、すっと血の気が引き、足がガクガク震え、どうしていいか分からないまま「1+1は2だよ」と耳打ちした。それが何の意味ももたないことはわかっていたが、それしかできなかった。姉と二人の帰り道はとても悲しくって、何も話せなかった。姉を守れるのは家族である私だけなのに、なぜ何も言い返せなかったのか、なぜ助けてあげられなかったかと自分を責め、自分は何もできない存在なのだという無力感を強く感じた。この感情は後々まで残った。

それから、学校で姉に近づかなくなった。友だちに知られるのが一番苦痛だった。始めは驚きの表情、次に聞いてはいけないことを聞いてしまったことへの後悔の表情、最後に哀れみや同情の混じった、優越感をも含ませた励ましの表情で見られるような気がしたからである。友だちに「兄弟いるの?」と聞かれると「うん、弟が一人ね」と決まって答えた。姉に対して、できるだけ他人のふりをしているうちに、家に帰ってからでさえそうするようになった。毎日同じことを言い、対話ができない姉に「うるさい」「だまれ」「死ね」「生きてる意味ないんだよ」と衝動的に、汚い言葉を投げかけた。でも、そんな日の夜はいつもそう言ってしまったことに後悔し、「将来、両親が死んだら姉はどうなるのか」と不安になり眠れなくなった。天井を見上げながら涙が止まらなくなった。「姉の面倒を一生見なければいけない私は、なんて不幸なんだ。私の人生は姉のせいでめちゃめちゃだ。姉なんかいなければよかったのに。なぜ、両親はこんな姉にしたのか。なぜ、私の姉だけが普通じゃないのか」と姉や両親を責めた。そして、このように考える自分に対しても、人間として最低だという評価をするようになった。

このころから、自分に対しての否定的な面に焦点をあてやすく、一度思い込んでしまうとなかなかその考えから抜けだせず、理想と現実の差にひどく落ち込み、悲しくなるという考え方ができあがったように思う。それでも両親に対しては、常に「やさしい子」でいようとした。母はよく「お母さんたちが死んだらね、由利ちゃんが美里ちゃん（姉）の面倒を見てね。女の子同士だもんね。由利ちゃんはやさしいから大丈夫よね」と言っていた。私も「うん、由利は大きくなったらお医者さんになるね。そしたら、美里ちゃんの病気なおせるもんね」と本気で思っていた。しかし、なおらないことは初めから分かっていた母は、目に涙をためて「うん、ありがとうね、やさしいね」といって抱き寄せてくれた。私もなぜだか分からなかったけれども、悲しくなって一緒に泣いた。母のつらさや不安定さが、とてもせつなかったように思う。

④リーダーの子につくような友人関係

小学校中学年の私は、特に目立たないが真面目で、協調性もあり、成績もまずまずよく、先生のいいつけをよく守る、どこにでもいるようなよい子だった。私自身、人に気に入られるように、やさしくすること、みんなに同調することに気をつけた。また、仲間のグループに入れてもらう一番手っ取り早い方法として、皆から嫌われている子を一緒になって嫌った。特定の人を見下して、自分は優れた人間であることを確認していた。でも、その嫌われている子と二人になると「みんなひどいよね。私だけは味方だからね」となぐさめ、その子が涙を見せるたびに、私に頼ってくるたびに特別にやさしくした。一緒に泣いたこともあった。家庭のなかでのやり方そっくりだった。父や母に気に入られるためによい子でいる自分、姉や弟を見下す自分が必ずいた。人を見下すことで自分の存在を確認していたのだろう。

一方、このころの家族関係のなかでは、父親の存在が大きかったように思う。父親はいつも勉強しており、そのことに夢中になると家族が話しかけても気づかないことが多かった。話しかけても何の反応もない父親に、最初は振り向いてくれるまでつきまとっていた。しかし、母親に「お父さんは忙しいからあっちに行ってなさい」と言われるのが分かってから、近づかなくなった。でもある日、父に「算数のドリルで分からないところがあるから教えて」とおずおずとお願いしたところ、父はとても気をよくし「教科書持っておいで」といって、一生懸命教えてくれた。始めはびっくりしたが、すぐにやっと振り向いてくれたことが嬉しくて、その問題がわかってもなお、分からないふりをして教えてもらった。勉強すること、教えてもらうことが、とってもいいことなんだと思った。

小学校五、六年生になって、都合のいいときだけ受け入れてくれる父と、父に絶対服従する母に矛盾を感じ始め、反抗し始めた。しかし状況は、いままでと全く変わらなかった。何を試みても無駄だとわかった私は、必要最小限でしか、家族と関わらなくなっていった。たぶん、テレビドラマにでてくるような、暖かい感情交流のある家庭を理想としすぎていたのだと思う。自分の家庭が会話がなく冷えきっているのは、父と母のせいだと、人のせいにばかりしていた。自分で関係をよくするような努力は、全くしなかった。

　このころの思い出として、ずっと心に残っていることがある。父親が手のかかる姉と手をつなぎ、母親が幼い弟の手をつないで歩く情景である。私はその二組のペアの後ろ姿を見ながら、一人ぼっちで歩いていた。「一人でも平気にならなきゃ」と思った。「こっちを見てよ」とも思った。でも言えなかった。

⑤居場所があって安定、一種の全能感をもつ

　中学生になった私は、家庭ではデスマスクをかぶったように無表情で、存在を消すように生きていた。両親に何を言われても、「別に」「関係ない」としか言わなかった。学校では、そんな家庭での様子を一つも見せなかった。自分の嫌な部分など誰にも見せずにいたため、友人、教師からの受けもよかった。成績でも満足のいく結果を得ており、中学校生活は人生のなかで一番楽しかった。これからの人生も自分の思いのままにすすむだろうという、一種の全能感まで持っていた。今思うと、この充実感は友人関係によるところが大きい。私は、クラスのリーダー的存在の子と同じグループに所属していた。無視される、いじめられるなど不安になる要素など存在せず、特定の人たちをグループ全体

で見下すことで、一体感を得ていた。居心地のよい安定した居場所であった。でも今度は今までのように嫌われている子にやさしくするなんてことはしなかった。徹底的に、率先して嫌った。悪口を言ったし、その子の前でその子のサブバックを踏んだ。こんな頭の悪い、弱い子なんて虫けら同然だと思った。

私はどうしてもリーダーの子のグループに入りたかったし、自分の居場所をつくるのに必死だった。私は自分の居場所の有無に特にこだわる。自分を受け入れてくれる場所か、自分を必要としてくれる場所かを敏感に感じ取った。たぶん、自分が家族を拒否している事実が背景にあり、自分もいつかは拒否されてしまうのではないかという恐れを知らず知らずのうちに抱いていたのだろう。

⑥高校受験に失敗

中学校時代の楽しさが一気に打ち砕かれたのは、高校受験からだった。発表を見に行くときに乗ったタクシーの運転手が、「大丈夫、合格してるに決まっている」と無責任に繰り返すので、私自身も「私に限って落ちることはないだろう」と妙な自信があった。だから、たくさんの人が合格を確かめ合い、抱き合い、飛び跳ねていたなかで、自分の番号が一つとばされていることには驚いた。そして一気に、「この学校から拒否されんだ」「この学校に入る資格もないほど能力がなかったんだ」「合格した友だちより劣った人間なんだ」と考えた。この瞬間、自分の人生は終わってしまったと思った。自分は、人生の敗北者であると強く感じた。家に帰ると一足先に不合格の判定を知った母親が泣いていた。両親には感情を見せないことで、常に強い自分を見せていたので、弱い母親に慰められることは、非常に情けなく恥ずかしいことだった。「こんな人に慰められるほど、劣った人間だったのか」と思うと涙が止まらなかった。父親は何も言わなかった。本当は、父の出身校である、県内で一番ランクの高い高校に入りたかった。しかし点数が足りず、受験する資格すらなかった。そのことですら悲しかったのに、ランクを落とした高校にも拒否され、父親に認められる要素を失ったように感じた。このときの受験は、自分の将来のために高校を選ぶというより、父と同じレベルの人間であるという称号が欲しかった面が強かったと思う。それさえあれば、中流の高校へ行った母親を、人の世話なしでは生きられない姉を、さして成績のよくない弟を、心の底でもっと見下せると思ったのだろう。

⑦挫折感、敗北感でいっぱいになり、対人関係がうまくいかない

不本意ながら入った私立女子高には、なかなかなじめなかった。クラスの人たちも、同じような敗北感を持っていて、初めて話をするときに必ず聞くことは「どこの高校落ちたの？」であった。敗北した者同士のなかで、自分の位置を確かめていた。皆、自分はこの高校に好き好んで入ったわけではないし、こんなところにいる人間ではないという雰囲気をかもし出していた。本当は、周りよりも自分が一番そう思っていたのかもしれない。学校にも友だちにも誇りをもてず、中学時代のように自分の居場所を作ることができなかった。高校には、リーダーなんていなかったし、見下すべき人間なん

ていなかったのである。

私は、休み時間、学校行事、朝の朝礼前の数分間がものすごくつらかった。一人ぼっちでみじめな自分を見せるのがとても嫌で、よく学校を遅刻したり、人と会わないよう気をつけた。新しく出会った人たちの前で、自分を打ち出していく力がないことも思い知らされた。嫌われないように、失敗しないようにと、常に気を使い自分が疲れきってしまうこと、同時に、気をつかうことで周りも緊張させてしまうという悪循環を引き起こしていた。私の、他人を見下す習性は、対象がなくなったとき、自分自身を見下すことで発揮されるようだった。学校に行くことがとてもつらかった時期であった。

⑧一つのグループに入り、安定

高校二、三年生のとき、五、六人の仲間のグループに所属した。これらの友だちの前で私は、ひょうきんな人の役をかってでて、仲間に入れてもらうことに成功した。このグループでは、互いの悩みを相談しあうことはほとんどせず、毎日笑いをとることばかり考えていた。一度「好きな人がいるんだよね」と言ったら、「あんたのキャラじゃないよ」と思いっきり笑われたので、恋わずらいなどという乙女チックな話はしていられないと反省した。この生活はそれなりに楽しかったが、やはりどこか偽っている自分を感じていたのかもしれない。休みの日にはよく一人で図書館へ行き、空の写真集を見たり、池の周りを散歩して季節を感じたりと、ほうけていたことが印象に残っている。

私は、高校時代全体を通して、思い出したくもない思い出がたくさんある時期にしてしまったことに後悔している。いつも人の目を気にして、人から好かれることにだけ神経を使い、自由に振舞うことができなかった。それほど嫌な学校なら、もう一度受験に挑戦することもできたはずなのに、それもしなかった。自分から、何かを作り出す努力をしなかったことに、後悔と怒りを感じる。一生を通じての友人ができる時期だと言われている高校時代を、できることならもう一度やり直したいとさえ思う。第一志望の高校に合格していたら、もっと充実した毎日を過ごせていたら、もう少し自分を認められたのではないかと思ってしまう。

人生に対して、私は、自分で切り開いていくという肯定的な考え方を持つことがあまりできない。自分の努力や気持ちとはかけ離れたところで自分を評価する機関があって、知らない誰かに自分の人生を決められているような気がするときがある。これは自分の人生に対しての責任を回避していることになるのではないだろうか。

⑨第一志望の大学とはまた別の大学へ

大学もまた、第一志望の学校には行けず、地元の大学に進んだ。大学一年目は、受験勉強から、高校生活から、友だちから、ひょうきんな人を演技している自分自身からも解放され、それなりに楽しく過ごした。友人関係は広く浅くであった。アルバイトやサークル活動、趣味など、より多くの興味分野を活動する際には、ちょうどよい距離であった。

大学では、障害児教育を学ぼうと思った。姉は、普通学校から養護学校に入学して、積極的で明るくなり、多くのことができるようになった。父親がいくら教えてもできなかった水泳が上手になったときは、父親は非常に感動したと教えてくれた。そんなふうに、人を変えられる力のある教育に興味があった。そして、姉とのつき合い方や姉に対する感情の修正をしたかった。

⑩恋愛関係がこじれる

二年生になって、恋愛関係のこじれから、友人関係が維持できなくなった。私は、彼がいるにもかかわらず、二人目の彼を作った。一人目は、無邪気に人をからかえるような人で一番好きだった。でも彼には自分の本当の気持ちは一切話さなかった。二人で一緒にいて楽しければよいというつきあいだった。二人目の彼は、「人生とはこういうものだ」という自分なりの答えを持っているような人で、彼の考え方や人生観に魅力を感じたし、私を救ってくれる人のような気がした。一人目の彼の存在を伝えたときに「それでも待つ」と言ってくれたことが嬉しかったし、やさしくされるとつい彼のところへ行ってしまった。また、二人の間をうまく行き来し、悩んでいるふりをすることが楽しかったし、一人目の彼とはできない、やさしさの押しつけ合いに酔っていた。

この頃の恋愛から、私は、相手からの賞賛や承認を得ること、相手からの好意を確かめることでしか、自分を確認できなかったのだと思う。かなりの時間、二人目の彼にあいまいな態度をとってきていたのだが、段々「こんなに愛しているのに、なぜ俺のところにこないんだ」という彼の愛情と怒りの混じった気持ちが苦しくなってきて、ついに別れを切り出した。彼はだまって泣いた。男の人でも涙を出すのかと思ったら、急にしらけた気分になり、次の日から彼を無視するようになった。待っていれば必ず自分のところにくると信じていた彼は、ついに怒って二度と話しかけようとはしなかった。私は彼と会ってもただ素通りする仲になってしまったことに寂しさを感じたが、同時に人間ってこんなものだと思った。あんなに「愛している」なんていった彼は、もうただの他人でしかないのである。でも私は、かえってさっぱりした。恋愛関係はどちらかが嫌になったらすぐに、何の関係もない人になれるからいいよなと思った。

一方、一人目の彼には、二人目の彼をふったと同時に別れを告げた。裏切っていた自分を知られたくなかったのと、ちょうど彼も気になっている子がいたらしく私がふられるのは秒読みだったので、自分から言い出せてよかったと思う。人から別れを言われるようなみじめな自分にはなりたくないし、自分のプライドを守ることだけしか考えていなかったのだと思う。

⑪現在の彼ができ、依存の対象となる

二年生の後半になり、現在つき合っている彼に街で声をかけられた。今までの私の生活圏内の人ではなかったので、ある程度新しい自分を提示することができた。彼は感情の起伏がほとんどなく、いつも一定の気持ちを保っていられる人だった。私は彼の顔色をうかがう必要もなかったし、自分のいやな面を出してみても、肯定も否定もせずにいてくれた。私の人間性について評価をしないことが私を安心させた。

学校でつらくなったとき、彼によく会いに行ったが、起こった出来事やその悩みなどはほとんど話さなかった。互いの価値観をぶつけるような深いつき合いをする前に、とりあえず受け入れてもらうことを必要とした。完全に依存の対象として頼りきっていた。彼と一緒にいるときのイメージをひとことでいうと、小さい子どもが大好きな人にまとわりついている感じである。すごく好きでいつもしがみついていたいと思う。

しかし、一方で、彼と長い時間を共にすることが怖い。自分の中身が少しずつなくなって、最後には飽きられてしまうことや、自分の嫌な部分を見られ、嫌われてしまうこと、彼の嫌な部分を見て嫌いになってしまうことが怖い。そして今、家族に持っている感情と同じように、大切であるはずのものが、大切に思えなくなることへの怖さを感じる。私は永遠がほしいと思う。何があっても変わることのない確かなものがほしいのである。ささやかな永遠を少しでも長く保つため、彼とのつき合いにはいつも一定の距離がある。決して自分の核には触れない穏やかで居心地のよい距離であり、傷つくことも傷つけることもない。でも、ときどきそれがとても寂しくなる。彼に触れようとすると、スルリとかわされるような感覚がとても好きで、とても嫌いである。そしてまた、二人目の彼を作った。前に作った二人目の彼と同じタイプの人だった。今度は大好きな彼に「別れたい」と言われるときに備えて伏線を張っているのかもしれない。「私も本当は別れたいと思っていたんだよ。あなたが私を裏切るより先にね」と。こんな自分は情けないし、弱いと思う。けれども、敗北は私にとって絶対に許せないことであり、自分で決められない状況や人生をもう二度と作りたくない。最後の切り札は、自分で持っていなければならないと信じている。愛においても敗北者にならないために。

⑫就職に意味が見出せなくなる

三年生の後半になって、将来のことを考え出した。これといって意味のある職業も見つけられないまま、周りの状況、例えば友人の就職内定や世間の就職情報などから焦りを覚え、とりあえず名の知れた大手企業を何社か受けた。面接試験を受けて、自分を打ち出すことの難しさを感じた。さして入社したいと思っていない会社からでも、不採用になることは寂しかった。「やはり自分は生産性のない、だめな人間なのだ」と自己否定的になっていった。この頃の私は、中身のない空っぽな自分を、一生懸命外見をつくろうことで補っていた。だれもがあこがれる体型と服装をするよう心がけた。食事に関しても、ほとんどとらない時期と、吐き気がしそうなほど食べてしまう時期を繰り返しつつ、やせた身体の維持に努めた。人からの「背も高いし、やせているし、美人だからモデルになれるよ」という言葉は、最高に気持ちがよく、細くなることに快感を覚えた。私にとって、やせた身体は、他人が認めてくれる自分の唯一の美しさであり、それを失うわけにはいかないのである。食べない時期が続くと、なぜかある日突然、抑えられないほどの食欲がわいてきて、わき目も振らずあれもこれもと食べた。食べてしまう時期には、罪悪感しか感じなかった。私にとって、太ることとイコール人生や社会の敗北者である。

私はいつも自分を管理していたかった。そして、人間にくみこまれた本能的な部分、自分の力ではコントロールできない部分を嫌った。私は、私のなかにある敵意、嫌悪、軽蔑、怒りなどを自分に向ける傾向があると思う。そうすることで自分の理解できない世界をコントロールしようとしているのかもしれない。なにもかも自分のせいであれば、納得がいく。なぜだかわからないが。

⑬現在の自分

最近気づいたことがある。それは、私が常に競争場面を避けてきたことである。今までは、競争に絶対負けたくない気持ちが強すぎて、敗北者になることが許せなくて、あえて負ける可能性のある場面に出ないようにしてきたのだと思っていた。しかし、それは少しちがっている。もしかしたら私は、勝利者になることを、このうえなく卑しいことのように感じているのかもしれない。幼い頃から、姉のように弱くて当然保護しなければならない者を「劣った人間」として見下してきた。また、そこに優越感を感じる自分を、最低な人間だとも思っていた。こんな思いが、心の核の部分にべったりと張りついていて、未だに敗北と勝利にこだわり、どちらにも転がれないでいるのかもしれない。

現在は、こんな自分であることを引き受けながら、苦しみながらも生活している。家族との関係、彼との関係、将来の職業など、まだまだ解決できそうにない悩みも多い。自分の幼さ、未熟さに苛立ちを感じ、落ち込むことも多い。けれども、人間は、自己成長を求めれば求めた分だけ有益な何かを得ることができると信じて、このような自分で生きつづける確信はしている。

ライフラインを終えて

このライフラインを終えて、多くのことに気づくことができました。私はたぶん、いろいろな経験をしてきた「過去の自分」を、確固たる「現在の自分」に統合することができなかったのだと思います。小学校時代、中学校時代、高校時代など、その時々の「現在の自分」が独立して散乱していて、何をやっていてもその時の楽しさや充実感から一歩抜けると跡形もなくなる感覚がしていました。でも今は、過去の自分が整理され、現在の自分のなかに位置づけられたように思い、嬉しく感じています。過去の自分を掘り起こす作業はとてもつらかったのですが、私のなかではかなりの意味を持ちました。

また、私の個人的なつらさにつき合い、真剣にライフラインを聞いてくれた方がたの存在が、私にとってはとても大きかったです。私のなかにある後悔や懺悔の気持ち、またその時々で癒されなかった感情を丸ごと受けとめてくれたことに感謝したいと思っています。ライフラインを終えたこの先、自分がどう生きていけばよいのかまだよく分かりませんし、もしかしたら自分の能力以上のことを求めているのかもしれませんが、自分なりのよりよい生き方を探しつづけたいと思っています。

2　女性遍歴で得たものは……

——吉沢真一（二十三歳、男性）

自己紹介

私は大学の四年生です。今は就職も決まり、ほっとしています。肩の力を入れてがんばろうという意識は弱いのですが、それなりの生活をしたいと思っています。

母や家庭に対する思い、弟たちとの関わりなど、中学校・高校時代は大いに荒れてしまいました。しかし、今となってはそれも必要なことだったんだと思えています。

現在、彼女もいて、のんびりした日々を送っていますが、心のどこかで何か強い刺激を欲している自分を感じるときがあります。オートバイが好きです。

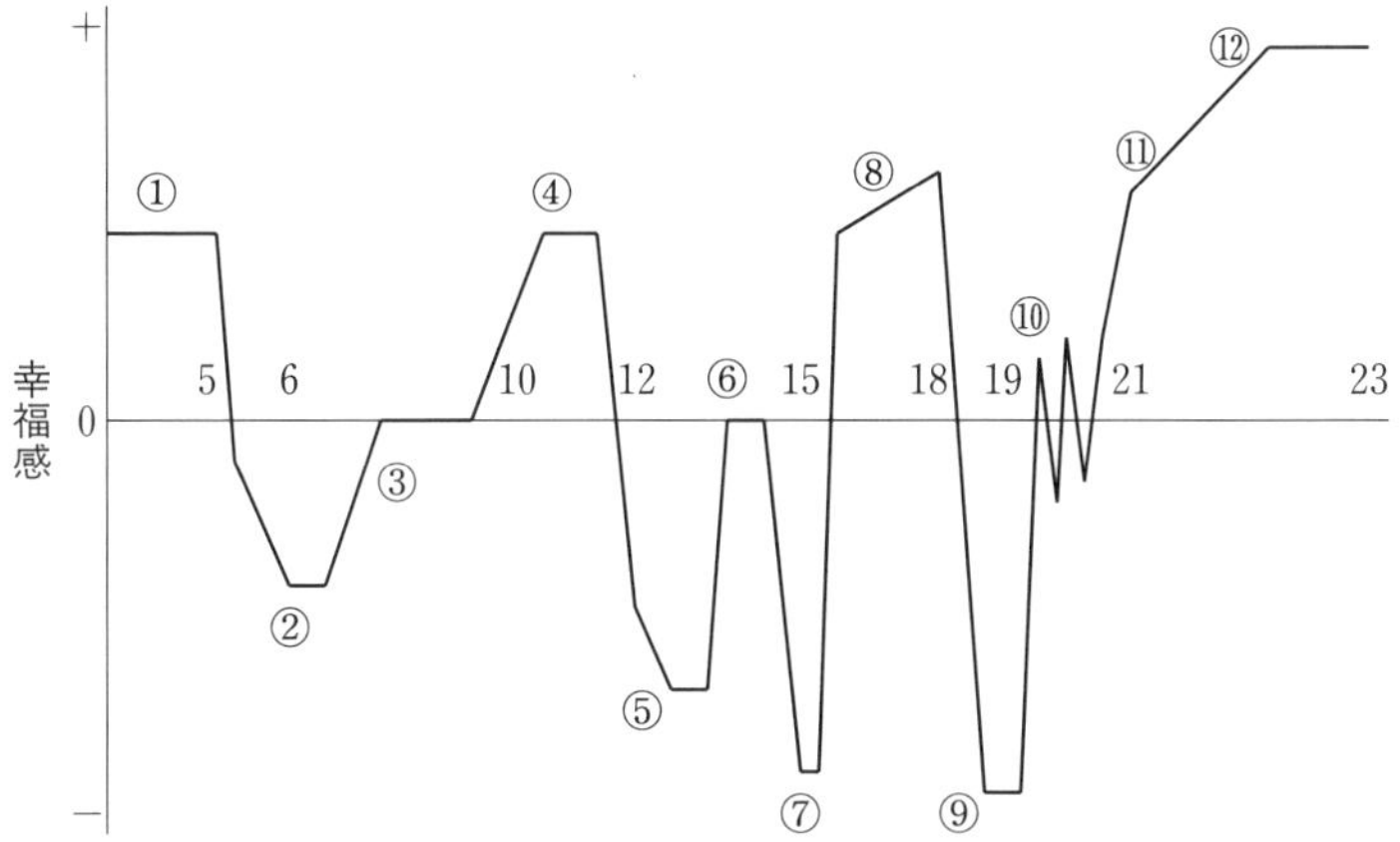

①祖父の家で生まれる
②破傷風で入院
③東京の郊外の一軒家に引っ越す
④少年野球チームに入り，学校の成績も向上
⑤中学校受験に失敗
⑥単調な中学校生活
⑦高校受験に失敗，二次募集の試験を受ける
⑧空手道場と夜遊びの高校生活
⑨失意の大学入学，バイクと女遊び
⑩バイト先の女の子に強くひかれる
⑪東京の大学をやめ，地方の大学に入り直す
⑫一つ下の女の子とつき合い始める

①祖父の家で生まれる

病院を経営している祖父の家で、はじめての男の孫として生まれる。家族構成は、母の父親である祖父と、母の兄夫婦である伯父さんとおばさん、その子どもの二人のお姉さん、つまり私のいとこにあたる人、そして、祖父にとって末っ子だった私の母と、祖父の病院の経理をやっていて母と結婚した父という構成だった。つまり父はこの家系のなかでは「マスオさん」であった。病院の側にある祖父の家はとても広く、その一角に父母は住んでいた。

祖父は代々続く病院を大きな病院にした、いわゆる地方の名士だった。祖父は厳格で、周りにいた人たちはいつも祖父を恐れているようだった。しかし私は祖父に溺愛されて育った。祖父はよく膝の上に私をのせてくれて、「真一、お前がおじいちゃんの後を継ぐんだぞ」と話してくれた。また、その頃、喘息で体の弱かった私に、毎朝、乾布摩擦をしてくれたことを覚えている。

七五三のお祝いでは、たくさんの人が集まって大宴会を行った。そのときの写真を母から見せられたものだ。私はその頃、「おじいちゃんは偉い人なんだ、そして、自分もそういう人になるべき人なんだ」と信じていた。当時、一つ下に弟が生まれたが、私の長男としての扱いは別格だった。この頃はよく、お手伝いのお姉さんと遊んでいたことを覚えている。その頃の母のことやとくに父のことは、ほとんど記憶にない。

②破傷風で入院

五歳のとき、私は破傷風になってしまい、約半年間祖父の病院に入院した。個室で、お手伝いのお姉さんがいつもついていてくれたが、母はときどきしか顔を見せてくれなかった。今から思うと、母は三男を出産し、かつ、次男の面倒をみることで精一杯だったのだろう。私はとても寂しく、近くの小児病棟から子どもたちの声が聞こえると、「いっしょに遊びたいよ」とお姉さんを困らせていたことを覚えている。そういうとき、きまってお姉さんは、「真一さんはふつうの子どもとは違うんですよ、偉くなる人なのだから、我慢しなければいけませんよ」と諭してくれた。祖父は毎朝きて頭をなでてくれ、「早くよくなって、おじいちゃんと遊ぼう」と言ってくれた。

その後、若い医者がきて注射をした。そのときワアワア泣いたが、祖父にだけは泣き顔を見せないように頑張った。ただ、一人になることがとても寂しく、いつも夜は看護婦さんについてもらい、寝るときも手を握ってもらっていた。夜、寝つかれないとき、ベットから天井をじっと見つめていたことを、今でもはっきり覚えている。

私の退院後、家族に悲しみが続けて起こった。まず、母の兄である伯父さんが、十一月の末に癌で亡くなった。夏の終わりに分かったときは、すでに末期だったらしい。そして、その年の暮れ、祖父が倒れ、そのまま帰らぬ人となった。私は続けて二回の家族の葬式に参加した。その頃はことの重大さがわからず、みんなが泣いていることがとても悲しかった。祖父が亡くなってしばらくすると、親族間での祖父の遺産の相続争いがあった。大広間に親戚の人たちがたくさん集まって、夜遅くまで話し合っていた。ときどき、罵声なども聞こえた。こういうことが、何回も続いた。私はただ悲しかったことを覚えている。

③東京の郊外の一軒家に引っ越す

六歳の春、父母と私と二人の弟は、東京の郊外の一軒家に引っ越した。父は祖父の病院の経理をやめ、企業に入った。朝早く家を出て、夜遅く帰ってくる父のこの頃の記憶もほとんどない。

母はとても厳しかった。いつもイライラし、よく親戚の叔父さんたちや、未亡人となった兄嫁の悪口を言っていた。父のふがいなさについても何度も聞かされ、「お母さんの幸せは、あなたたちが立派なお医者さんになって、おじいちゃんの病院を継ぐことよ」というせりふが口癖だった。

近所の小学校に入った私は、相変わらずの病弱で、運動も勉強も中の下という状態だった。この頃から、母はよく自分を近所の友だちと比べたり、一つ下の弟と比べて、叱咤した。でも、運動も勉強も母の期待通りにできない私は、母を相当イライラさせていたのだろう。

④少年野球チームに入り、学校の成績も向上

十歳になったころから、小児喘息も急に良くなり、近所の友だちと少年野球のチームに入った。体もどんどん丈夫になり、運動もメキメキできるようになってきた。とくに短距離走には自信があっ

た。「亡くなった祖父も伯父も、学生時代は短距離走の選手だったのよ」と母は喜び、野球の試合や運動会など、下の弟をつれて必ず応援にきてくれた。その応援に応えることができた自分が、とてもうれしかった。この頃から、成績も徐々に向上した。とくに算数は五年の頃から学年一だと先生たちに言われていた。

私はいつの間にか、母の自慢の息子になっていた。ただ、ずっと拒んでいた塾に、六年の始めから入ることになり、平日は塾から家に帰って来るのはいつも九時半すぎだった。一つ下の弟も同じ塾の五年生のクラスに同時に入ったので、電車に乗っての通塾も苦ではなかった。塾でも成績は順調に伸び、目標のK大付属中学校も合格圏内に入っていた。祖父はK大の医学部出身なので、自分もそこに入ることを信じて疑わなかった。しかし、日曜テストの関係で、九月から野球チームをやめたことは心残りだった。そんなとき、「自分は友人たちとは違うんだ、立派な医者になるんだ」と考え、楽しそうに野球をやっている友人たちを見下すことで自分を慰めていたように思う。今から思うと、このような私の態度は、学校内でも自然に出ていたのだろう。

⑤中学校受験に失敗

受験校はK大付属中学校一本。もちろん自信はあった。入試の出来もまあまあで、一次の学力試験に合格した。その結果が、早々と実名と顔写真入りで塾の広告に刷り込まれ、駅前で配られていた。塾の先生がその広告を一枚くれたが、とても嬉しかった。次の日小学校に行くと、多くの友人がその広告を持ってきてくれ、賞賛してくれた。担任の教師も「先生も鼻が高い」と言って喜んでくれた。その後、面接があった。自分なりの手応えはまあまあだった。数日後、母が合格発表を見に行ってくれた。その日は、小学校から一目散に家に帰った。家はシーンとしていた。そして、母はリビングで泣いていた。不合格だったのだ。私はいたたまれなくなり、三日間自分の部屋に閉じこもった。何も考えることができなかった。ただ、大きな不幸が自分に押し寄せてきていることを強く感じた。祖父の葬儀のときのように。

卒業式までがつらかった。教師も友人たちも私に気をつかってくれた。見下していた友人に気をつかわれている自分が情けなくて、学校からすぐ帰って来ると、自分の部屋の壁を殴りつけていた。

中学校は近所の公立中学校に通った。同学年には同じ小学校からきた連中が三分の一いた。彼らの眼がとても痛く、かつ、自分を知らない連中に、おもしろおかしくうわさされるのが怖かった。そのため、あまり目立たないようにしていた。ただ、クラスの連中や教師をどこかで軽蔑していて、それが雰囲気に漂っていたと思う。六月頃、休み時間に小さなことで口げんかをした。相手は違う小学校からきたお調子者のSで、「真一はよ、性格が悪くてK大付属を落ちたんだろ」と口走ったのだ。私はキレてSを目茶苦茶に殴ってしまった。すぐに止めにきた体育の若い教師も言い方がえらそうだったので、反射的に殴ってしまった。多くの教師に押さえつけられて、ふと気がつくと、顔面を血だらけにして泣いているSと、座り込んで鼻血を出していた体育教師がいた。周りには多くの野次馬が集まっていた。

そのあとが大変だった。母は学校に何度も呼ばれ、私と一緒にSとSの親、体育教師に謝罪した。Sの前歯を数本ふっとばしたので、かなりの慰謝料を払ったと思う。私は一週間、相談室で説教を受け、反省文を書かされた。生徒指導の教師が入れ替わり立ち代わりきた。ただ、常に二人組できて、偉そうなことを言っていたのを覚えている。担任の四十代の女教師は、若い生徒指導の教師を二人伴い、「あなたには素直さが足りない。先生はとても悲しい」と熱演した。反省とかというものと違う次元の感情をもって、そういう教師たちをさめて見つめていた。

一学期の成績は、例えば中間・期末テストがそれぞれ百点だった数学が3、百メートル走のタイムが学年一で、他の実技もまあまあだった体育が2という具合だった。全くの孤立状態だった。寂しくないと言えば嘘になるが、強く心に期すものがあった。これがこのレベルの中学校を取り巻く連中の社会なのだ、自分はこのレベルに甘んじてはならない。自分はK大付属高校に入るしかない、そう決心したのだ。そして、部活（陸上部）もやめ、夏休みから猛勉強を始めた。ただ、親に、とくに母に面目を失っていたので、親にも知らせず、三年後にきっちり結果で示したいと強く思った。また、一人の男として強くなりたい、ちょっとのことでぐらつかないような精神を鍛えたいと考え、隣町の空手道場に通い始めたのもこの頃である。母は完全にその熱意を弟に鞍替えしていたので、「あなたがやりたいのなら、好きにしなさい」とあっさり認めてくれ、毎月の月謝を払ってくれた。

⑥単調な中学校生活

残りの中学校生活は砂漠のようだったが、目標を追い求めていると感じられて、それなりに充実していた。その頃の生活は次のようなものである。毎朝六時に起きて、五キロ走と突きと蹴りの練習を七時半までやった。そして、朝食をとり、遅刻ぎりぎりに学校に行った。学校では無口で斜めに構え、周りの連中は関係ないという態度と行動をとっていた。親しく口をきいてくる者は誰もいなかった。教師に対しても同じだった。都立高校など行く気がなかったので、内申点なんかどうでもよかった。反抗するというよりも、常にさめていた。授業が終わるとすぐに家に帰ってきて、自分の部屋で腕立て伏せとスクワットをし、三時間位きっちり問題集を中心に勉強した。空手道場は火曜と木曜の夕方の七時から九時までだった。土曜日は五時頃まできっちり勉強し、その後、道場に自主練習をやりに行った。練習のない日は自分の部屋に閉じこもり、好きな音楽を聞きながら、空手の練習をやっていた。学校でも家でも必要最低限以外はほとんどしゃべらなくなっていたが、道場では力一杯声が出た。人の心や言葉には嘘があるが、体と体のぶつかりあいには嘘がないと真剣に考えていた。

途中、弟がK大付属中学校に合格して、一時動揺した。しかし、今に見ていろと思って、同じような生活を続けた。この頃の私は、無口だがいつも眼をギラギラさせた不気味な奴という感じだっただろう。中学校ではかわいいと思う女の子もいた。教師に媚びない私を好きだと言ってくれた子もいた。

しかし、今から思うと、模擬試験での偏差値の向上と、空手の昇級が無常の喜びだったので、他のことを犠牲にしても、このような単調な生活を高校受験まで続けられたのだと思う。

⑦高校受験に失敗、二次募集の試験を受ける

高校受験はK大付属高校一本だった。他は考えられなかった。偏差値も十分合格点に達していた。受験の二週間前、下の弟もK大付属中学校に入学が決定した。二人の弟は、K大付属中学校のこと部活のことなどを私のいないところで話し合っていたのだろう。母も私に気をつかいながらも、私のK大付属高校進学を強く期待していたと思う。その頃は、なんとしても合格しなければならない、そうでなければ、私の家での存在価値はないと思っていた。受験はとても緊張した。前日は一睡もできなかった。だが、全力は尽くせたと思う。出来はまあまあだと思った。発表までの間がとても長く感じられたことを覚えている。

結果は不合格だった。自分の番号はなかった。目の前が真っ暗になった。全力を出してもダメだった。自分は弟たちに比べて、価値が低い人間だと思った。どこをどう歩いたのだろうか、夜の十一時頃、ゲームセンターで補導された。十二時頃父が車で迎えにきてくれた。言葉がなかった。父の顔も見れなかった。「寒いから早く家に帰ろう」と父が言ったひとことが、今でも心に残っている。

それからの私は、母や担任教師の言いなりだった。もうどうでもよかった。担任教師に勧められるまま、都立高校の二次募集の試験を受けた。できるだけ自分の家から遠い高校を受験した。結局合格

したが、その高校は中の上くらいの高校で、新設されて間もなく、伝統も名声もない、いわゆる並のふつうの連中が通う高校だった。中学校には卒業式も含めてそのまま行かなかった。「自分は特別な人間ではない、ふつうのその他大勢の一人なんだ」。一人自分の部屋で音楽を聞きながら、そういう思いが自分の心に沈んでいった。何をする気分も起こらず、部屋でボーッとしていた。

「部屋にばかりいないで、たまには外に出て気晴らしでもしなさい」と母にしつこく言われて、久しぶりに空手の道場に行った。そこに、三人の先輩がバイクでやってきた。彼らは工業高校の三年生になったばかりで、春に三人そろってバイクを中古で買ったという。彼らにバイクの話を聞かせてもらったり、Bさんのバイクの後ろに乗せてもらったり、ファミレスで夕食をおごってもらったりした。彼らの話はおもしろかった。バイクのこと、女のこと、バイトのこと……。彼らは平凡な人たちである。多分大学にも行けず、高卒後どこかの中小企業にでも就職するのであろう。しかし、彼らは自分の生活を楽しんでいた。将来の目標みたいなものは全く感じられなかったが、その瞬間その瞬間を楽しんでいるようだった。そのときはそう思った。

バイクに乗る先輩たちと、しばらく遊んでいた。とくに、Bさんは空手初段で、道場では厳しい人だったが、柔軟に生活を楽しんでいる彼を見て、うらやましいなと思った。自分もああなりたいなあというあこがれを持った。何か生きていくことに新たな光が見えたような気がしたことを覚えている。

⑧空手道場と夜遊びの高校生活

高校生活は単調そのものだった。私もどっと肩の力が抜け、学校にいる間は彼らとのんびりやっていた。その反面、週三回の空手道場通いは魅力を増し、先輩や他の高校に行っている仲間とのつきあいが深まった。バイクにものめり込み、よくBさんの後ろに乗せてもらい、夜の町を走った。私の部屋は車のガレージの上だったので、夜、家を抜け出しては、遊び回っていた。煙草を吸い、ファミレスにたむろした。先輩たちにくっついて、ナンパもした。とても刺激的だった。今から思うと、昼間はボーッとしていて、夜だけが生きているという感じがしていたと思う。このような生活や、バイクにどんどんのめり込み、しばらくして、バイクの中型免許をとるために教習所に通い始めた。そのため、空手道場のそばのファミレスで、練習のない週三日間、夕方の五時から九時までバイトを始めた。その後、また夜遊びしていたので、生活は完全に乱れ切っていた。

夏休みにはファミレスのバイトを徹底的にした。八月の上旬に中型免許が取れ、九月の上旬に念願のバイクを中古で買った。値段と好みで、カワサキのゼファー四〇〇にした。バイクはBさんの家におかせてもらった。私の家からBさんの家まで自転車で一〇分くらいだったので、不都合はなかった。その頃は、空手も夏の昇段審査で黒帯が取れ、Bさんたちと同じようになれたことがうれしかったのだと思う。彼らのグループのなかにいると安心し、自分の仲間という感じが強く持て、家族よりも大切に思えた時期だった。夜はほとんど毎日つるんで、バイクで走ったり、ゲームセンターやカラオケボックスにたむろしていたり、女の子に声をかけたりしていた。しかし、どうしても自分は小心者で、女の子と一対一で何かをしようということができなかった。もちろん、彼女は欲しかったのだが、自分一人では自信がなかったのだろう。

年末になり、Bさんたちも就職の準備で、会えることが少なくなった。そこで、私はジムカーナの大会に何回か参加した。練習や大会でまあまあの記録が出せるようになってから、バイクの中型免許の限定を解除したいと思うようになった。私の周りで限定解除している高校生はほとんどおらず、限定解除が私の大きな目標となった。そして、家から少し離れていたが、限定解除の指導をしてくれる教習所に通い始めた。最初は高校生では無理だと思っていたが、一か月も練習していると手応えを感じた。

教習所には若い男性はもちろんのこと、中年のおじさんや女子大生もおり、待ち時間の間、みんなでバイク談義に花が咲いた。バイクを通して、いろいろな人と出会えることが楽しかった。教習所の卒検も終わり、二月からいよいよ試験場に通った。試験のときは当然高校はサボった。最初の三回は一本橋は通過したものの、半周位で失格だった。四回目、なんとか完走したのだが、不合格だった。追い越しのときの加速と確認が遅いと言われた。同じ教習所から試験を受けにきていた人が何人かいて、慰めてくれた。そして、二月末の小雨の降る日、五回目の試験を受けた。朝、天気が悪かったので、受けるのをやめようかと思ったが、教習所で親しくなった大学生のOさんと女子大生のKさんも受けることになっていたので、カッパを着て試験場に行った。二人はすでに来ており、雨で路面がぬれているので今日は不利だねなどと話し合った。試験には十八人来ており、私たちのなかではOさん、Kさん、私の順で試験を受けることになった。Oさんは最初快調だったが、なぜか途中でエンストした。あとでエンジンがあたたまっていなかったとしきりに嘆いていた。Kさんは一本橋で脱輪した。最後から三番目の私の番になる頃には、小雨も上がっていた。私は二回の中高受験失敗により、自分は本番に弱いという意識を強くもっていた。だから、仲間二人も失格し、今日は無理だろうというあきらめもあったので、意外とリラックスして試験に臨めた。確認だけは気をつけ、練習通りバイクを操った。そして完走できた。試験官は、もう少し走りのメリハリをつけるようにと言ったのち、合格だよと言ってくれた。私は天にも昇る気持ちだった。試験の見物人からも多くの拍手をもらい、とてもうれしかった。その日の夜は、OさんとKさんにおごってもらった。そして、数日後、教習所で知り合った市役所に勤める人の紹介で、ゼファー一一〇〇の中古を個人売買で買った。車検が三か月しか残っていなかったので、五十万円にまけてもらった。バイトで貯めた金と、子どもの頃から積んでいた金で即金で払った。あいかわらず、バイクはBさんのところにおかせてもらっていた。Bさんは、自分が限定解除するときに練習に貸してもらうからいいよと、気さくに言ってくれた。それから春休みいっぱいは、暇さえあればバイクを磨き、乗り回していた。中古だったが、大満足だった。

高校二年から、Bさんの家からバイクをだして、学校までバイク通いを始めた。バイクは学校の近くのスーパーの駐車場に止めた。空手道場にもあいかわらず通っていたが、Bさんたちがこなくなったので、週二回くらいしか参加せず、夜はよくバイクを走らせていた。バイク仲間というか遊び仲間も徐々に広がった。私はこの頃から少しずつ自分に自信をもってきたように思う。「大型バイクに乗る自分」は、結構かっこいいのではないかという感じである。今から思うと、漫画「こちら亀有派出所……」に出てくる、バイクに乗っているときは攻撃的で自信満々、降りると消極的な優柔不断の「本田」というキャラクターに似ていたと思う。バイクと遊び仲間の存在が、私の自信の源だった。

夏のちょっと前、駅前でナンパして男女八人くらいでカラオケに行った。そのなかの一人の女の子となんとなくつき合うようになった。なんと彼女は同じ高校の三年生だった。彼女の父は単身赴任でニューヨークへ行っており、母もビジネススクールで働いていて、帰りはいつも十時くらいだという。だから、その間、しばしば彼女の部屋に遊びに行っていた。最初の日に彼女を抱いてしまった。彼女に少し挑発されたような感じで、無我夢中でやってしまった。胸の大きな子だった。初体験はあっけなかった。相手に対する愛情というのもなかった。ただ、女はいいなと思った。それから後は、彼女の部屋にときどき行って、なんとなくゴロゴロ過ごしていた。セックスもしたが、単なる友人という感じだった。この頃から、自分の周りで女関係がいろいろ出てきた。まず、ファミレスのバイト先の同学年の子。ときどきバイクに乗せてあげているうちに、そういう関係になってしまった。背が高く足がすらりと長くて綺麗だったが、胸が小さかった。そして、一緒に限定解除の試験に通った女子大生のKさん。バイクのことでときどき電話があり、彼女のアパートに遊びに行くようになって、なりゆきでそういう関係になってしまった。彼女は一人暮らしで、合鍵ももらっていたので、いつ行ってもよく、気が楽だった。このように三人の女と、同時にだらだらとつき合っていた。女もいろいろなタイプがいるなあと感じるくらいで、深い愛情とか気がとがめるというのは、正直言ってなかったと思う。今から思うと、三人の女を自分のペースで動かしている自分に、少なからず酔っていた部分があったことは否定できない。そのため、ときどきは仲間とナンパやコンパをしたりして、新たな女も物色していた。この頃の自分は、受験失敗の劣等感を、女で紛らわせていたのかもしれない。自分に近寄ってくる女を通して、自分の存在を確かめていたのかもしれない。自分もまんざらではないと、思いたかったのかもしれない。自分の思い通りになる女がふえればふえるほど、自分はすごいんだと自信をつけていったのではないだろうか。

高校三年も同じような生活をしていた。ただ、とりあえず大学はいこうと思っていたので、私立理系の受験を意識して、数学と英語と物理だけを重点的にやっていた。問題集とか英単語の暗記ぐらいなものだったが、受験科目にない授業のときは、それらを内職していた。しかし、一人部屋にこもって勉強するというのは、一日二時間ぐらいだった。そのときは集中できなかったのだ。今から思うと、受験に失敗したときに、勉強不足だったからという、自分に対する言い訳を残しておきたかったのかもしれない。

大学受験は惨憺たるものだった。志望大学も私立の理系のみで、K大はとても遠い存在となり、受験することもなかった。それでもわずかなプライドがあり、最低でも六大学までだなと思っていたので、受験日のあいた日で、社会の代わりに数学で受験できる経済学部もいくつか受けた。そのなかでたった一つ、C大の経済学部に合格した。両親はすっかりあきらめ、淡々と受験料を出してくれ、入学金を払ってくれた。

⑨失意の大学入学、バイクと女遊び

大学に入ったら何かしようという意欲は全くなかった。ほとんど授業にも出ず、パチンコをしたり、夜の町を飲み歩いたり、カラオケに行っていた。遊び仲間は、バイトの仲間やバイクのツーリングチームの人たちだった。女遊びはあいかわらずだった。ただ、一人でいると、ときどき無性にむなしくなるので、いつも誰かとつるんで遊んでいたと思う。夏頃、怠惰な生活を親から徹底的になじられ、Kさんのアパートに転がり込んだ。Kさんは限定解除をあきらめたが、バイクにこだわった生活をし、同じツーリングチームにも入っていたのである。彼女も大学四年生になっていたが、熱心に就職活動をするでもなく、田舎には帰りたくないので、東京でしばらくアルバイトでもして生活するといっていた。なんか年上女房みたいで、自分はヒモのような状態だった。バイトもやめてしまった。このような同棲生活も楽しくはあったが、どこかむなしい気分が心にすくっていた。

七月に後期用の授業料を使い込み、全く金がなくなったので、新宿のクラブでバイトを始めた。仕事はそこそこきつかったが、客の女の子をナンパしたり、バイト仲間で遊んだりと、結構刺激的だった。終電車の時刻がすぎると、ほとんどの女の子が誘えばついてきた。結局、バイトで稼いだ金は、その後の遊びで全部なくなっていた。遊んでいるときはとても楽しく、そして一人になるとその反動でとてもむなしかった。

⑩バイト先の女の子に強くひかれる

夏の終わりに、店で知り合った女の子に強く心をひかれた。地方出身の美大生D子は、何か一本、自分というものをもっていると思った。初めて、体だけではなく、話していて熱くなれた。彼女と美術館などにも行った。D子は自分にとって特別な女だと思った。彼女のアパートにも入り浸りだった。このとき、バイトも昼間のバイトに変え、夜はD子とゆっくりしたいと思った。バイトをやめることにし、最後にバイト仲間と飲んだ。そこで、D子の話題をそれとなくしたら、仲間の反応は絶望的なものだった。「俺もD子とは十回くらいやったな」「左の乳首の下にほくろがある子だろ」「理屈っぽいけど好きものだよな」「しばらくしつこくつきまとわれたよ」などという話が次から次へと出てきたのである。自分もほめられた生き方をしていたわけではないが、さすがにショックだった。女はみんな汚いものだとそのときは思った。その後、久し振りにKさんのアパートに行ったのだが、彼女は少し前に引っ越した後だった。十二月まで家賃が払ってあったので、十二月まではいられた。ガランとした部屋の中で、「私は疲れたので、出ていく」という内容の手紙を見たとき、人の心を力一杯踏みにじっていた自分を、とても嫌悪した。それとともに、今まではしゃいで感じないようにしていた孤独感やむなしさが、自分を襲ってきた。そして、そういう弱い自分がとてもなさけなかった。結局、自分は成長していない人間なんだと思った。

⑪東京の大学をやめ、地方の大学に入り直す

東京を出たい。誰も自分の知らないところに行きたいと強く思った。いろいろ考えた末、C大学をやめ、地方の大学にいき、一からやり直そうと決心した。一か月ちょっと受験勉強をし、センター試験を受けた。受験勉強といっても、社会は教科書を二〜三回読んだぐらいである。だが、勉強したところが出るなど、ラッキーが重なって、なんとか北関東地方の大学の経済学部に合格した。親の反対を押し切ってきてしまったので、仕送りはなかったし、もらうつもりもなかった。バイク一台と五万円が全財産だったので、学生寮に入った。そして空手部に入った。練習がない日は、寮に案内がくる道路工事のバイトなどをやっていた。一年間は空手と肉体労働ですぎていったようなものだった。しかし、部屋の友に恵まれ、よく朝まで語り明かした。最初は、友の人のよさを素直に信じられなかったが、彼と話しているうちに、自分の心のささくれだった部分が少しずつ溶けていったように感じた。彼は少し肥満で、女の子には縁がない生活を送っていたので、そのときの自分にはぴったりの相手だった。お互い金もなかったので、合コンにも参加せず、二人でさばの缶詰をさかなにして、よく飲んだものである。そして、一人の時間は三国史や歴史小説を読みふけっていた。人の生き方にとても興味を覚えたのである。

大学二年も、空手と肉体労働と寮生同士の飲み会ですぎていった。空手部の人たちは五十人くらいいて、地元の高校からきた連中が元気よく活動していたが、自分はうまく入れなかった。

⑫一つ下の女の子とつき合い始める

大学三年の頃、一学年下の女の子と知り合いになった。知り合いといっても、講義の後にコーヒーを飲み、おしゃべりをするくらいだった。彼女は東北の人で、互いに歴史好きというのがわかって、話していて楽しかった。その後、空手部のほうも三年になって余裕がでてきたので、ときどき日曜日にバイクで彼女と近辺の旧所名跡に行き、散策したりしていた。取り立てて美人でもなく、女子高出身で、彼氏いない歴二十年と笑っていう彼女を、自分はとても大切に思えた。だから彼女とは半年以上、友だちのような間柄だった。何度か彼女に恋人としてつきあってほしいと言おうと思ったが、拒否されるのが怖くて言えなかった。自分は遊びでなら平気で女の子に声をかけられるのに、こういう本気なときはとても意気地がなかったのだ。

その年の暮れ、二人の仲に変化があった。彼女が同じサークル（合唱団）の先輩に、つき合ってほしいと告白されたらしい。自分はとてもショックだった。でも、彼女がその話をしたときに、「よかったな、これで彼氏いない歴がストップするね」などと、物分かりのいい先輩を演じてしまった。「彼氏ができても、ときどきはいろいろな話をしような」と、今から思えば未練がましく、矛盾したことを口走っていたと思う。その年のクリスマスは寂しいものだった。今年は彼女と一緒に映画に行き、食事でもしようと思っていたのに、寮の仲間たちと「あー、彼女が欲しい」という愚痴をさかなに朝まで酒を飲んでいた。自分からは連絡が取りにくく、彼女からも連絡がこなくなり、しばらく暗い気分に陥っていた。この頃は、自分が一人、北のこの町にいることに何の意味があるのだろう、自分が生きていることにどんな意味があるのだろうと、同じようなことを繰り返し考えていた。心理や哲学関係の本もいろいろ読んだが、どれもピンとこなかった。結局、自分なりに思い至ったことは、自分は彼女が好きでたまらないということだった。とりあえず、それを伝えて白黒つけなければ、これから先のことは何も考えられないということに気がついた。そこで後期試験が終わった一月の末、思い切って彼女に電話し、近いうちに会わないかと伝えたら、会ってもいいが十日後だと言う。きっと彼氏との予定がいろいろあるのだろうとがっかりしたが、十日後に会うことを約束した。その間は、寮や居酒屋でずっと酒を飲んでいた。やはり、はっきり断られるのは、怖かった。

十日後、彼女と喫茶店でしばらくぶりに会ったが、お互いに妙にぎこちなかった。「どうしたの」と聞かれたので、「いや、特別用事もなかったけど、しばらくぶりに会いたくなって」と、そして、スキーの話やら、空手部の仲間の話やらを饒舌に話してしまい、事前に考えていたストーリーと、全然違う展開になってしまった。彼女は夕方から家庭教師のバイトがあるというので、ますます焦ってしまった。そして、むちゃくちゃな文脈のなかで、「俺は君がいないと寂しいんだ」とポロリと言ってしまった。次の瞬間、「私も」と言われて、思わずエッと聞き返してしまった。「これ十四日にあげようと思って編んでいたんだけど、日にちが早まったから、ここ二、三日睡眠不足なんだからね」と言って、セーターとチョコを自分に渡して、「じゃ、バイトいくね」と行ってしまった。一人で彼女の手紙を読み、世の中が急に開けたように感じた。彼女は先輩とはつき合わなかったらしい。自分のことを好きだと思ってくれていた。その日は、寮に帰り、部屋の仲間に焼き肉をおごり、自分の幸せに強引につきあわせてしまった。

大学三年の末から今現在まで、彼女とつき合い、とても楽しくやっている。自分はあいかわらず寮にいて、週に三回くらい、彼女のアパートに夕食を食べにいっている。日曜は、よく映画を見たり、バイクの後ろに彼女を乗っけて、ツーリングにいっている。生き方について、徹底的に議論することもある。彼女といてうれしいのは、無理をしなくてもいいことだ。片意地を張らなくても、自分を受け入れてくれることがとてもうれしい。そして、彼女も素直に自分の感情を話してくれる。何か、自分はずっと彼女のような存在、そのままの自分を受け入れてくれる人を求めていたのかもしれない。

四月から東京の出版社に就職が内定している。小さい会社だけれども、そのなかで自分のベストを尽くしたいと思っている。いろいろなことがあるだろうけど、立派にやろうというより、自分が納得できるように取り組んでいこうと思っている。仕事にある程度なれたら、自分から彼女にプロポーズしたいと、今は夢を描いている。

東京で就職しても、自分は実家には帰らないだろう。まだ、母の前で自分らしくふるまうことに自信がないからだ。ただ、引け目を感じていた二人の弟とは、ゆっくり酒を飲みながら語り合えそうだ。下の弟はK大の法学部、その下の弟は文学部にすすんだ。結局、兄弟三人、母の期待にそうことはなかった。母はこれから何を求めて生きていくのだろうかと、ふと考えてしまう。

ライフラインを書いてみて

自分は常に何者かになろうとして、もがいていたような気がする。自分が絶対的に信頼できる人に評価されることによって、自分の存在価値を確認しようとしていたのかもしれない。いろいろな人、バイクや空手など、頼れる対象に自分を重ねることで、自分の価値を自分なりに信じようとしていたのだろう。基本的には、自分自身に、自分の生き方に自信がなかったのかもしれない。でも今は、そういう自分が少し好きになったようだ。

3　自分の本当にやりたいことを求めて

——佐々木静江（二十二歳、女性）

自己紹介

私は、演劇好きの大学四年生です。高校時代に始めた演劇は現在もつづけており、役者として参加することにやりがいを感じています。しかし一方で、いよいよ就職というこの時期に、自分が本当にやりたいことは何なのだろうと真剣に考えています。まだ答えは出ませんが、考えていくなかで少しずつ自分が見えてきたように思います。

これから自分がどちらの方向へ進んでいくのか先が見えないところも多いですが、どの方向へ行ったとしても、自分で選択している道なのだと思うと、少し自分に対しても自信が持てそうな気がします。

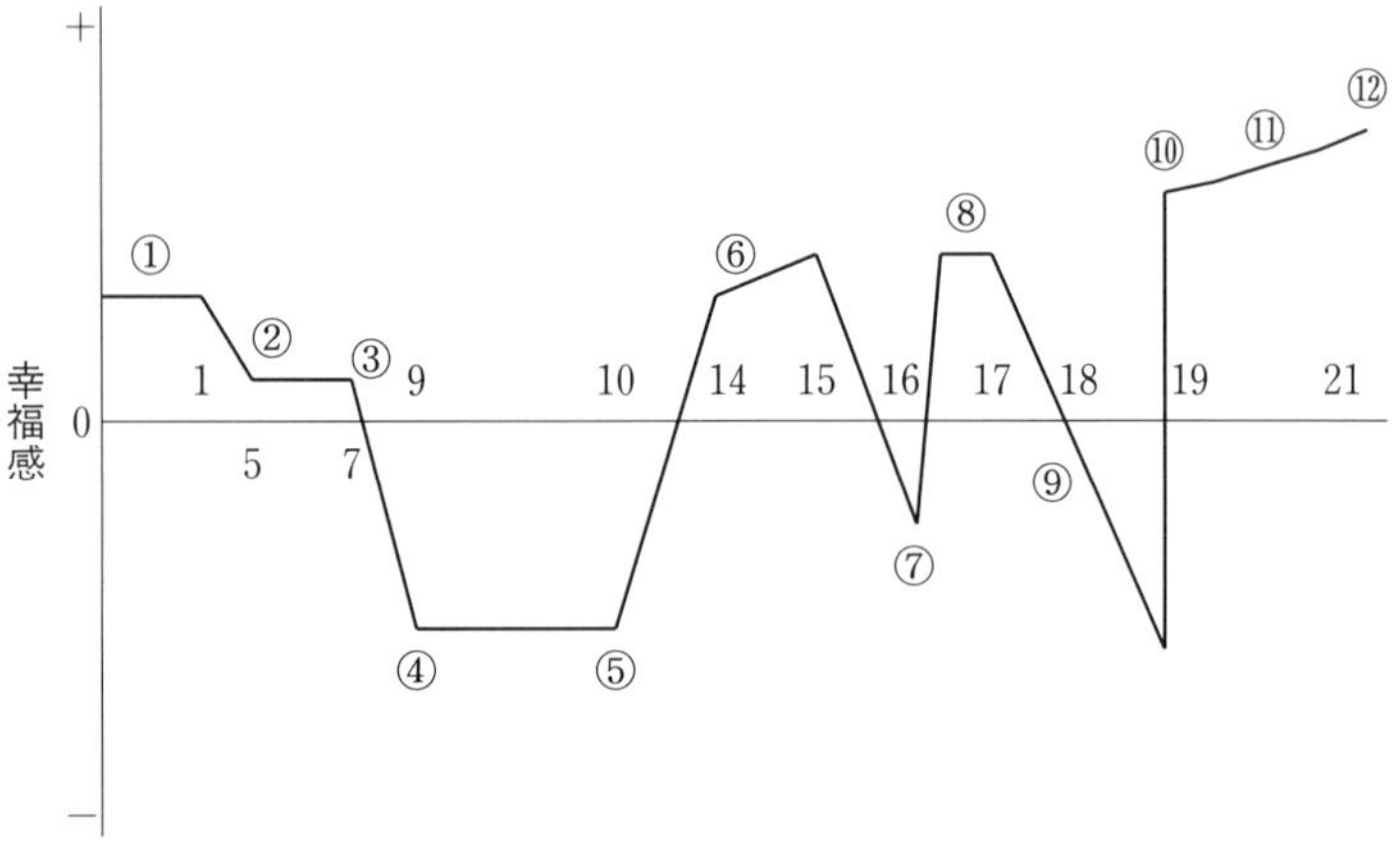

①長女として生まれる
②幼稚園に入園
③小学校に入学
④対立していたA子が家庭の事情で転校
⑤中学校に入学，バレー部へ
⑥子分ではない友だちができる
⑦高校に入学
⑧演劇部の一つ上の先輩とつき合う
⑨部活での苦しみ
⑩志望大学に合格
⑪市民劇場にキャストとして参加
⑫さらに演劇の世界に踏み込む

①長女として生まれる

第一子であり初孫でもあったため、両親はもとより祖母にも大変可愛がられる。

父は中学生のころ父親を亡くし、長男であるため、家計を助けながら高校、大学を卒業した。そのため、努力次第で何事もなせるという自信があり、子どもに対してはさほど口出しはしないが、自分の力で何とかしろという考え方であった。新しい物好きで、多趣味な父は、小さいころから私にパソコンや囲碁などいろいろなことを経験させてくれた。わけのわからないものがたくさんある父の書斎で、遊んでもらうのが大好きだった。また、母も同様に中学時代に父親を亡くしており、職業を選択する自由がなかったために、自分の子どもには同じ思いをさせたくないという気持ちがあるようだ。二人とも早い時期に父親を失っているせいか、極度の心配性で、過干渉な傾向がある。母はまじめで保守的な面も強いが、自分のできないことができ、知らない世界を知っている父を尊敬し、刺激を受けているようだった。両親ともに家族への愛着は強く、小さいころ夕飯前になると父の帰りを今か今かとまちかまえ、父が階段を上る音がすると「帰ってきた」と私と弟が競い合って玄関まで迎えに行った。休日にはよく家族で出かけていた。

一歳のとき、弟が生まれた。小さい弟のほうに手がかかるため、できることはひとりでやらなければならなかったけど、「おねえちゃん」になったというのはちょっと嬉しかった。でも親戚が遊びに来たときは、いつも弟が注目の的だった。普段は両親が共働きであるため、祖母の家に預けられていた。どこにいても一緒に遊べる弟がいたことで、両親がいなくてもあまり寂しいとは思わなかった。

②幼稚園に入園

幼稚園入園。近所に男の子が多かったので、男の子のなかにまじって、外で遊ぶことのほうが多かった。ジャングルジムのどれだけ高いところから飛べるか競争して遊んだりしていて、擦り傷だらけだった。入園二年目で、弟が同じ幼稚園に入園。同時に妹ができた。これまで以上に祖母と過ごすことが多くなり、幼稚園の遠足に私の兄弟だけ祖母と一緒に行ったのは、ちょっと恥ずかしかった。兄弟のなかでは注目を集めたかったので、人前で振りつきで歌う、よくしゃべる、目立ちたがる、うるさいこどもだった。

お遊戯会では、はじめ劇のなかに出てくる妖精のうちの一人をやることになって練習していたが、先生に最後出し物のナレーターをやってみないかと言われた。一人だけだったし、みんなと違うドレスが着られるから喜んでその役をやった。先生に選ばれた優越感と両親や祖母に誉められて満足した気持ちだった。お姉ちゃんであることに誇りもあり、面倒見はよかった。目立ちたがりであるゆえか、このころからほかのリーダー的存在・年上の子にけむたがられた。

たとえば、遊びの時間に、自分のグループが遊んでいた積み木のブロックを、上級生の子に取り上げられた。負けるのがいやだったので、何事もなかったように別な遊びをはじめた。姉として情けないと思っていたので、泣くこともあまりなかった。そんな態度が気に入らないのか、直接文句は言われないが、何度か上級生や他のリーダーの子に邪魔にされた。何度もやられているうちに、「絶対に負けるもんか」という気持ちが強くなった。

③小学校に入学

小学校に入学、小学校のすぐ近くの幼稚園に通っていたため、ほとんどが幼稚園からのメンバーだった。そのために、あいかわらずリーダー的な位置を維持しつづけていた。友だちと遊ぶときは、いつもみんなが家のほうまで来ていた。小学校三年になるときのクラス替えで、もっとも苦手なリーダー的存在のA子と同じクラスになってしまう。どんなにがんばっても、グループの大きさ的にも力的にもA子のほうが上だったので、つらかった。その子にとってもいやな存在だったのか、嫌がらせをされた。幼馴染で仲の良かった男の子のことを私が好きだという根拠のない噂を流され、その男の子にも嫌われ、話もしてくれなくなった。帰り道でそのグループの子たちに囲まれて、A子の悪口を言ったでしょと責め立てられ、「A子ちゃんが見えるところまで近寄ってこないで」と言われた。私だって近づきたくなかったし、自分が何にもしていないのに、どんどんひどいやつみたいに言われることに、腹がたって仕方がなかった。また、上級生からも、廊下で会うと、私に聞こえるように大声で「あの子、A子のノートとか盗んだんだって、泥棒じゃん」と言われたりした。学校に行くのが憂うつだったが、親にそんなことで休むなんて言えなかった。また、自分も別のグループのリーダー的存在だったので、内心悔しくてつらかったが、表面的には負けられなかった。そのイライラで自分のグループの子に嫌がらせをしてみたり、自分のグループにほかの子を入れないようにしていた。今考えるとかなりひどいやつだったと思う。その時代の自分を知っている人に会うと、今でも恥ずかしい申しわけない。

④対立していたA子が家庭の事情で転校

対立していたA子が家庭の事情で転校する。思ってもみない幸運。周りの子たちの態度もがらりと変わって、急に親和的になった。ほかの子にいやな思いをさせることもなくなった。後半は楽しい学校生活になった。小学校二年からはじめたピアノに始まり、友だちがやっているような習い事はほとんど手をつけた。しかし、人よりうまくできないものはすぐいやになったので、ほとんどを二、三か月でやめてしまい、最終的に残ったのは、ピアノと母親の影響で入団したバレーボールのスポーツ少年団だけだった。小学校六年で児童会副会長に立候補し、当選。友だち内の中心的存在であるという地位を満喫していた。

また、同じ時期から、父親の配属部署が変わり、ほとんど家で顔を合わせることがなくなった。その分、兄弟の世話を任されるようになり、妹を連れて遠くの親戚のうちまで二人だけで遊びに行ったりもした。まわりから見れば子どもが子どもを連れていて危なっかしかったと思うが、自分のなかではすっかり大人の気分だった。友だちにも兄弟にも頼られるしっかり者の自分にかなり満足していた。

⑤中学校に入学、バレー部へ

中学校に入学。小学校からの持ち上がりのメンバーがほとんどだった。スポーツ少年団でやっていた友だちがみんなバレー部に入ったのと、何人かの先輩で可愛がってくれる人もいたので、いじめられることもないだろうと思い、当然のようにバレーボール部に入部した。小学校から続けてきたこともあり、基礎的な部分はそこそこできたので楽しかったが、小学校と違い上下関係がはっきりあったので、下級生はボールひろいなどの雑用が多く、早くプレーしたいという不満もあった。

⑥子分ではない友だちができる

中学二年のクラス替えで、子分ではない友だちができた。楽しいことも一緒にできたし、また、学年執行部を一緒にやったこともあって、苦しいときもお互いに助け合って乗り越えていたので、進路などの悩みも話し合えるような関係ができた。そのときの友だちとは今でも連絡を取りあっている。しかし、他の友だちのなかには、避けられたりあからさまに嫌悪感を持つ人もいて、「調子に乗ってるよね」などと陰口を言われたりした。言いたいことがあるならはっきり言えばいいじゃんと思ってもいたが、対立する勇気もなく、その仲間内から出なかった。三年まで同じクラスだったので、仲のよかった子たちとは、塾に通い出すまでは放課後残って一緒に勉強した。私とそこそこ成績がよいほうだった子たちとが、先生役になることが多かった。恋の悩みなどを相談しあったり、自分を認めてくれて、また自分が頼ることができて安心感があった。

二年の夏休みの部活の練習中に怪我をして、療養期間中マネージャーとして活動するように顧問から言われた。先輩が引退した直後で、せっかく自分たちが主役になれる時期が来たのに、しかも、今までチームメイトとして仲よくやってきた友だちや後輩にまで指図されるなんて、悔しくてしようがなかった。「気が利かない」などと言われることもあり、一段下にいるような扱いを受けているような感じがした。怪我が治ったあとも、すでにチームができ上がってしまっていて、自分の居場所がないように思った。三年になり顧問が替わり、チームも変えられた。私にとってはチャンスだった。ところが、セッター以外は、ほぼ身長の高い順にチームに入れられた。身長が低いうえに、セッターはもう小学校から固定されていたため、ベンチから出ることがなかった。いままでは、表舞台に立つことが多かっただけに、すごく屈辱的だった。顧問は三年のときに担任でもあったが、権威的で大嫌いだった。身長で決められるなんて、バレーボールなんかもうやめる、高校では続けないとまで思った。

進路を決める時期になり、一部の仲のよい友だちとは離れたくなかったが、小学校時代から、私を知っていて良く思っていない人たちと離れたい気持ちと、大学進学を考えていたため、少し離れた進学校を受験することに決めた。親の勧めもあって、みんなと違う、少し離れたその高校の近くの塾に通い始めた。成績も悪いほうではなかったので、特に苦もなく志望校に推薦で合格した。

⑦高校に入学

高校に入学。周りは知らない人ばかりで友だちはいないこともないが、表面的な気がしていた。中学時代からの友だちの輪には入っていけなかった。また、自分の中学時代の友だちのような関係もつくることができなかった。部活の見学に行ったとき、少し未練があり、バレーボール部も見学したが、中学のときのいやな思い出がよみがえってきて入部する気にはなれなかった。たまたまのぞいてみた演劇部が目新しく、面白そうだったので、入部した。唯一、部活の友だちとは仲がよかったほうだと思う。部活をするために学校に行っていたようなものだった。しかし、部活のことを親に認めてもらえない。あるとき母親に、「A君は野球部で、夜遅くまで練習してるんだって。すごいね。それに比べてあんたはなんで文化部なんか入ってさぼってるの」と言われた。文化部だってちゃんと活動しているのに、なぜ文化部がだめと言われるのかがわからない。いつか絶対に認めさせてやると思っていた。しかし、演劇の経験がなかったので、中学から続けてきた子たちとはだいぶ差があり、夏の大会まではキャストどころか裏方もろくにできなかった。負けず嫌いなので、同じように高校からはじめた友だちとともに、自主練習をした。人より多く基礎練習をし、先輩たちに寸劇を見てもらった。何とかして周りに追いつきたかった。春休み中に上演した独立公演の、オーディションの日が来た。これまでがんばってきたという自信があって、第二希望に大きい役を入れておいた。先輩たちの前で、一人で自分を見てもらうのは緊張した。思いのほか第二希望の役をもらうことができた。信じられない気持ちと、がんばってよかったという気持ちだった。一緒にがんばった子もちゃんと役をもらうことができた。先輩に「こんなにうまくなってるとは思わなかった。がんばったんだね」と言われた。やっと周りに追いついたと思った。初めての舞台で大きい役をもらえた。親もその舞台を見て少しは認めてくれたようで、少しは協力的になった。

⑧演劇部の一つ上の先輩とつき合う

一年の終わりに、演劇部の一つ上の先輩とつき合う。一緒に帰ったり、お互いのいろんな話ができて、初めての恋愛と言えるものだった。自分の味方を手に入れ、さらに部活が楽しくなった。二年のクラスで、はじめて表面的ではない友だちができる。女の子六人のグループで、さばさばしている人が多くつき合いやすい。「それはやっぱりあんたが間違ってる」などと時にはきつい言葉だったりもしたが、自分の本音を隠さずに言ってくれたことがすごく信頼できた。ご飯を食べるのも、遊ぶのもいつも一緒だった。高校時代で一番楽しかった時期だったと思う。

⑨部活での苦しみ

二年の後半から、部活でうまく自分を表現できずに苦しむ。案の定、役に付くこともできず、評価も得られなかった。私に役者は向いてないと思った。最後の独立公演のオーディションで希望する役の最終選考まで残るが、役をもらうことができなかった。同学年で役をもらえなかったのは私だけだったので、脚本家が後から私の分の役を付け足してくれたときは、すごく惨めな気持ちだった。しかし、落ち込んでいるのもかっこう悪いし、全体の雰囲気が悪くなってしまうので、表面的にはバカみたいにはしゃいでいた。決めるほうも、良いものをつくるために最高のものを選んだんだし、決まったほうも気まずいだろうし、同情されるなんて冗談じゃないと思った。決まってしまったことはいまさらどうしようもないと思ったが、笑ってはしゃいでがんばるほど、内側ではどんどんへこんでいった。勉強面でもうまくいってなかったし、演劇もだめで、自分は何をやってもだめなんだと思った。終演後、お客さんが書いてくれたアンケートのなかに、私の役は必要なかったのではないかということが書いてあり、さらに惨めな気持ちになった。自分がこの場に必要とされていなかったことがはっきりとわかった。むなしくて、こんな思いは二度としたくないと思った。この時期はすごく不安定で、自分もどうしようもなく、つき合っていた彼に愚痴ばかり言っていた。そのくせ、急に彼のいやなところが目につきだして、突然別れた。彼は突然のことでひどく驚いていたが、私はそんな姿を見て、どんどんいやになる一方だった。何人かの異性とはつき合ったが、始めはすごく自分のほうが好きになって追いかけるが、いざつき合って関係が安定して、相手のいやな面が見えると急激にさめて、いきなり別れを切り出すというパターンを繰り返した。いったん嫌いになると、どんどん嫌いになる一方で、切り替えも早かった。とくに、進路問題などでつらいときは、こんなことしている場合じゃないと思ってしまい、恋愛をするのが面倒になった。

三年になり、進路問題で悩んだ。中学までは上位にいたが、高校三年間を通して成績は下位層で、希望していた国立大学は無理だと言われつづけた。三年最初の模擬試験で苦手だった数学で二〇〇点中二〇点を取ってしまった。本当にやばいと思ってあせりだした。先生には、あきらめて私立大学を受験しろと言われ、親には国立以外には出せないと言われ、真剣に悩んだ。父の仕事の都合で、同じく高校生であった弟と二人で暮らしていたため、家事という重荷もあり、なんで私ばっかりと思っていた。みんなより大変な思いをして暮らしているんだから、成績が上がらなくて当たり前なんだと環境のせいにしていた。しかし、私の頑固さにあきれて、最後の三者面談で先生が「それなら、やれるだけやってこい」と言ってくれたため、かねてから希望していた国立大学を受験することを決心した。しかし、滑り止めに受けた私大を全部落ちてしまう。もう後がなかった。

⑩志望大学に合格

センター試験の結果が思いのほかよかったためか、無事志望大学に合格。成績の悪かった数学の先生に「奇跡だな」と言われた。それでも、いやみに聞こえないほど舞い上がっていた。このころ、クラスメイトで、同じ大学に進むことになっていた男の子となんとなくつき合い始める。受験からも解放されていたので、ほとんど毎日のように会っていた。不安定な状態から脱していたこともあってか、素直に楽しめた。しかし、一か月くらいたって、突然、別れてほしいと言われる。昨日まで楽しく会っていたので、信じられない気持ちだった。あきらめきれなくて、何度か電話したが、全く応じてくれなかった。きっと、彼には、もともとつき合う気なんかなかったのかもしれない。自分だけが舞い上がっていたのだと思う。

大学生になり、弟が受験を控えていたことで、そちらに気持ちがいっていたためだったのか、母親もあまり口を出さなくなった。普通にバイトしたり、サークルの友だちや先輩と遊びに行ったりとかなり楽しんでいた。サークルの友だちとは、そこそこ仲がよかったが、お互いフルネームや連絡先を知らない知り合いがふえて、なんだか不思議な感じがした。

偶然、英語の講義で一緒になった友だちの友だちに、演劇に興味があって、市主催の市民劇場に参加するつもりなんだけど、ひとりでは心細いから、一緒にやらないかと誘われた。高校時代で卒業したつもりだった演劇だったが、やはり興味があったのと、素人ばかりを集めたその公演一回限りのものということで、音響スタッフとして参加した。どうしても役者として参加するのは怖かった。地味な仕事だが、自分も舞台の一部を支えているという実感が持てて、面白かった。何か本気で熱中するものがほしかったのかもしれない。

一緒に遊ぶ仲間内の一人とつき合い始める。はじめは、前の彼のこともあり、恋愛を避けている部分もあったが、高校時代のように自分が追いかけることもなく、なんとなく親しくなっていけたことに安心したのか、友だちの延長でつき合い始める。あまり波のない穏やかな関係。それぞれに自分の世界も大切にできて、一定の距離を保っているのがよいのかもしれない。

⑪市民劇場にキャストとして参加

一年から参加し始めた市民劇場にキャストとして参加。去年の舞台を見て、参加者のスタートがゼロであり、舞台に上がれるまでに指導してくれるということで安心したのと、本当に私は役者はできないのだろうか、と自分を試したい気持ちもあったと思う。そんななかで、主役級に抜擢された。喜びだけでなく、不安や、プレッシャーもあったし、稽古中はほとんど誉められたことがなかった。つらかったが、それを乗り越えて終演後お客さんの拍手をもらったときに、やってよかったと思った。演出にもよくやったと握手されて、はじめて認められた気がした。しかし、どこかに所属してやろうとまでは思わなかった。やはり、高校の部活動と違って、期限がないのと、それ以外のことができなくなるような気がして、市民劇場のような期限付きのもので、何らかの形で演劇にかかわっていければいいなと思っていた。本当は、また挫折するのが怖かったのかもしれない。いつでもやめられるという逃げ道を確保しておきたかったのかもしれない。

⑫さらに演劇の世界に踏み込む

大学三年の六月に市民劇場でお世話になった人に、自分の芝居の公演を手伝ってくれと声をかけられ、役者ではなかったし、その公演限りということで参加。アマチュア演劇界では結構名の知れた人だったこともあって、お客さんの反応もよく、もちろん芝居の質も高かった。私が今まで触れてきた演劇って、本当にすごく狭いものだったんだと分かった。演劇界に知り合いがふえる。あまり意識していなかったが、これがきっかけで、演劇にもう一歩踏み込んだ気がする。

大学三年の二月に、六月の公演で知り合った、現在在籍する劇団の代表に客演の話をもらう。自分が認められたようで嬉しかったが、周りの友だちは就職活動をはじめているのに、自分はこれでいいのだろうかと悩む。周りの友だちや、家族にも「今はそんなことしている時期じゃないよ」と反対される。また、素人集団のなかではそこそこできても、アマチュア劇団で何年も芝居を続けてきた人たちのなかで、役者なんて無理なんじゃないかという不安も大きかった。悩んだ末に、もともとその劇団が好きだったことと、代表に「市民劇場を見たうえで声をかけたんだから」と言われたこともあって、話を引き受けることにした。所属することはあいかわらず考えていなかったが、自分がどこまで通用するかを試したい気持ちもあったと思う。

二か所での公演を重ねるうち、芝居を続けるならこの劇団以外には考えられないと思いはじめ、入団を決意。まず、その劇団のつくる芝居のかたちが好きだったことが一番かもしれないが、あまりピリピリすることがなく、演じているほうも舞台に立つことをすごく楽しんでいる感じがしたからだと思う。私自身、演劇をやってきたなかで、稽古中つらいと思うことがなく、もっとよいものをと素直に思ってがんばれた。実際、観にきてくれた高校時代の演劇部の友だちが「すごく生き生きしてて楽しそうでうらやましかった」と言ってくれた。自分の居場所を見つけたような気持ちだった。演出家は、役者の長所を生かすのがうまかったし、うまくできなくてへこみそうになっているときに、タイミングよくヒントをくれたり、誉めてくれた。「役者を生かすのが自分の仕事だから、うまくいかないと思うときは、演出家の生かし方がうまくいってないこともある、自分のせいだけだと思わなくていいよ」と言ってくれたのが、今でも支えになっている。それに、それぞれの仕事や生活も大事にしていて、芝居以外のことができなくなるということもなさそうだったからというのも理由の一つだろう。やはり、卒業後のことも考えると、仕事をしながら続けていけるかが不安だったので、きちんと両立できている人たちを見て安心したのかもしれない。

今は演劇と両立できるような仕事として、公務員を考えている。仕事で強い興味はないが、安定していて、演劇にかかわる時間も確保できると思うからである。少し甘いかもしれないが、しばらくこんな状態でいたいと思う。

4 争うことの嫌いな自分は……

――田中健一（二十三歳、男性）

自己紹介

私は現在、私立大学四年生です。大学へは自宅から毎日一時間以上かけて通学しております。学校と家の間に繁華街があり、そこにちょこちょこと寄る、というのが日々の生活です。趣味はスポーツ観戦などです。友人はあまりたくさんはいませんが、数少ない友人とはずっと関係が続いています。これまで、あまりドロップアウトすることはなく、少なくとも他人には順調に生きてきたように見えると思います。勉強も運動もそこそこでき、得意分野もあります。しかし、いまいち女性とは仲よくなれずにきました。これからは気軽に話せるやつになりたいと思っています。

私のぱっと見の印象としては、「まじめそう」「誠実そう」「温和」といったところのようです。しかし実際はふざけたことや笑いをとることは大好きです。どちらかというと優柔不断なほうで、人を引っ張っていくようなことはあまり得意ではありません。しかし人の補佐をするのは上手です。今後リーダーシップを身につけていけたらな、と考えております。

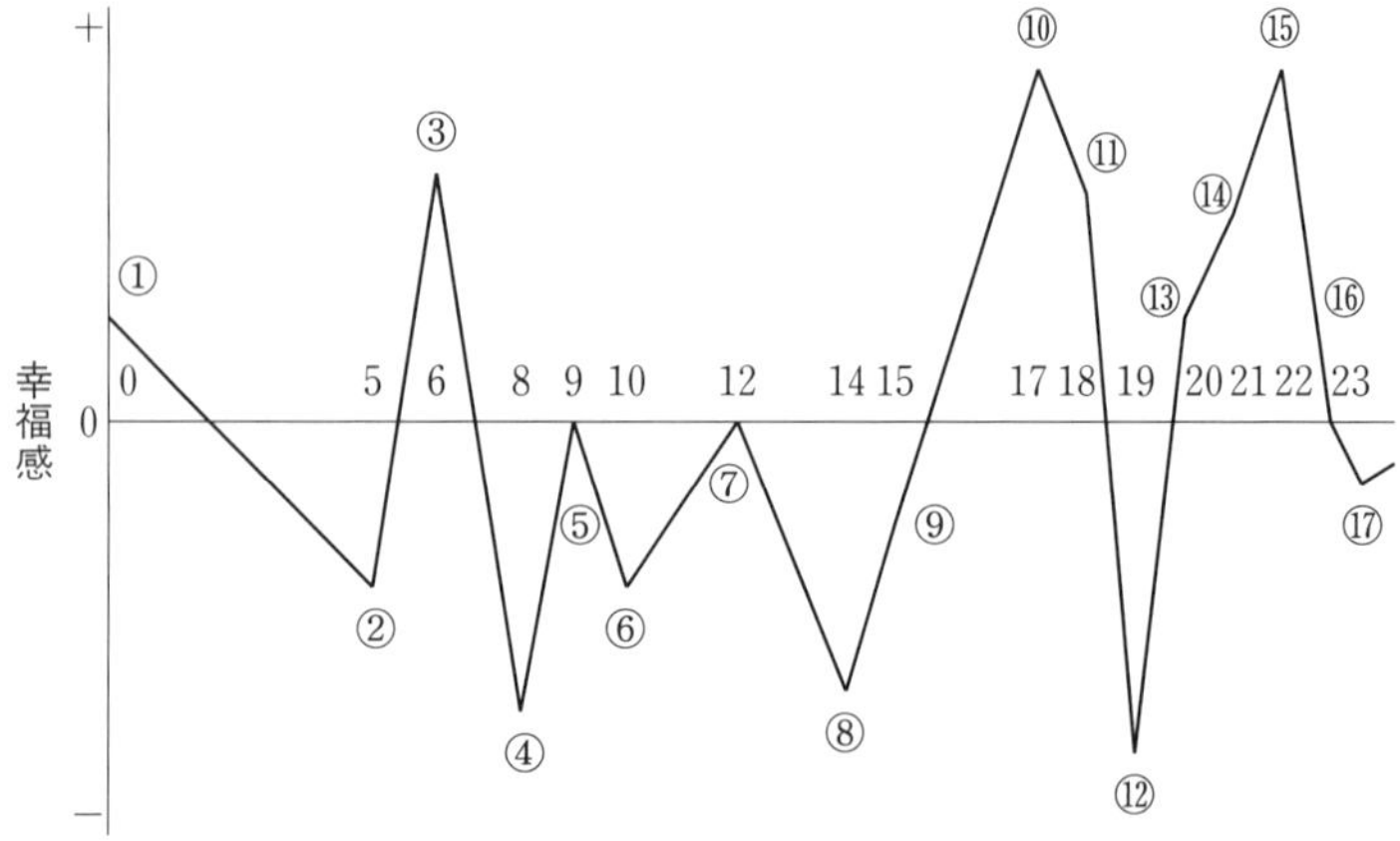

①両親と姉一人の家庭に生まれる
②引っ越しで友人と離れる
③大親友ができる
④大親友と引っ越しで別れる
⑤クラスの男子に溶け込む
⑥いろいろなことで一人悩む
⑦家庭が安定し始める
⑧いじめを受ける
⑨第一志望の高校に合格
⑩高校生活，新しい部活へ
⑪大学受験に失敗
⑫孤独な予備校生活
⑬大学入学
⑭女性とつき合い始める
⑮人間関係の充実
⑯就職ではなく進学を決意
⑰進学後の将来に不安

①両親と姉一人の家庭に生まれる

両親と姉一人の家庭に生まれた。父は大手企業のサラリーマン、母は専業主婦で、中流家庭だった。長男であり、私が生まれるまえに一度流産してしまったこともあり、期待されていたと思う。お金で困ったことや何か差別を受けたということは特になかった。祖父母などの親戚とは離れて住んでおり、交流はほとんどなかった。新興住宅地だったので近所づき合いも少なく、周囲に同年代の子どももほとんどいなかった。父は仕事熱心で、また長い時間かけて電車通勤をしているので、朝早く出勤し、夜遅くに帰宅するという生活リズムであった。それで父との関わりは少なく、遊んでもらった記憶もあまりない。小さい頃はもっぱら母や姉によって育てられたように思う。

母はとにかく口出しが多く、過保護な人であった。また、家のなかでは父よりも力がある感じで、決定権を持っていた。例えば、家のなかで何か決め事をしようとすると、父は「何でもいい」と言い、母が決定を下すというのが普通のパターンであった。たまに父が何か提案すると、母に批判されてしまい、結局は母の意見が通ってしまうことが多かった。姉も小さい頃から積極的に主張するタイプで、兄弟間のやりとりでは常に優先権を持っていた。本人が生まれた当初から、自分が母親であるかのような意識があったらしく面倒見がよかったが、しだいに親が弟をひいきしていることを非難するようになる。

私自身は、主張をすることや上下関係を作ることが苦手でおとなしいタイプだが、勝負事に対してはかなりの負けず嫌いであった。しかし親や姉は理屈をこねるのがうまく（と感じていたので）、家族とのケンカは、逆に責められてしまうのがあまりにも悔しかったので、自分から文句を言うことは滅多になかった。例えば家族でカードゲームをして負けたときなどには、ひどく悔しがって、「ずるい」などと言って不満を示していたが、親にたしなめられたり怒られたりすると、泣きわめいたりするのではなく、それ以上は何も言わないで、泣きながら二階に隠れたりした。両親や親子の間で特に不和はなく、おおまかに言えば気持ちは安定していた。しかし家族内で父や自分の力関係が弱くてアンバランスなこと、姉の主張や非難の強さ、何より母が放っておいてほしいことまで関わってくることがいやで、欲求不満を感じることも少なくはなかった。本人の神経質な性格もあってか、髪をやたら触ったり、つめを噛んだり、襟元を何度も直したりする癖があった。しかし基本的には動揺は表に出さず、家族にとってはあまり手のかからない子どもであったと思う。

父が転勤族のため幼い頃から引っ越しが多かった。幼稚園までは姉と一緒に近所の子どもと遊んでいたが、幼稚園に上がってからはこれまでとは違い、特定の仲のよい友人ができた。集団は苦手だが、一人の特定の友だちと仲よくなるのは得意だったように思う。しかし女の子に対しては恥ずかしさが全面に出て、あまりしゃべらなかった。

②引っ越しで友人と離れる

五歳のときにも引っ越しがあったが、その友人と離れることになり、悲しいという気持ちと胸にぽっかりと穴があいたような気持ちが混じって、強いショックを受けた。自分は他のみんなと違って、ずっと一緒にいられる友だちはできないと考えるようになり、時々眠れなくなったりもした。しかし親にそれを悟られるのを嫌って、何でもないように振舞った。例えば、母に「友だちと離れさせてごめんね」と言われても、本音を言わず黙っていた。ショックを隠すことで、家族と争わずに済んだという経験を何度かするうちに、ほとんど自動的にショックを感じないようになったと思う。「将来何になりたい？」などと希望を聞かれると、自分でもそれが分からないため、苦痛に感じてごまかすことが多かった。

③大親友ができる

小学校一、二年の頃、大親友ができた。とても仲がよく、これまでの、友だちができても長くは続けられないという不安を一時的に忘れるくらいであった。

④大親友と引っ越しで別れる

しかし、引っ越しにより別れてしまう。その後も手紙のやりとりは多少あったが、頻繁ではなく、次第にやりとりもなくなっていった。二年くらい経って直接会ったとき、「もう友だちじゃない」と言われてとても悲しくさびしい気持ちになった。それがあまりにもショックで、自分の人間関係に関して絶望的な気持ちになるが、あまり表には出さなかった。特に親や教師など、身近な大人に対しては平静を装った。

転校先の学校では最初、よそものとして見られていたように感じた。その感じがいやで、無関心でありながら表面的にはいろんな人と話ができる、といった風に振舞った。しかしクラスの男子に、「おかま」と言われたり、突然後ろから乗りかかられるなどしていじめられた。例えば前の学校のことを聞かれても、決して自慢にならないようにし、しかも「まあ、そんなこともあったよ」といった感じで話した。

⑤クラスの男子に溶け込む

しかし、半年もしないうちにクラスの男子には溶け込めるようになった。自分が溶け込めるようになってから少し経って、あるクラスメイトが、自分はクラスの男子全員にいじめられていたと先生に訴え、知らずに「いじめ」経験をしていたことに驚きを覚えた。いじめられ・いじめ経験を通して、何か争いがあると逃げようとする性格はさらに強くなったと思う。小学校三、四年の頃は、つかみ合いになるようなケンカがクラスでよく起きていたが、見えるような場所で起きていても、無関心を装って関わらないようにした。関わってしまうと、相手を必要以上にやっつけてしまいそうな感じがして怖かったような気もする。よそもの的な扱いもなくなってから、お互いに打ち解けられる親しい親友が数人でき、好きな女の子もできた。しかし女の子と話したりすることは苦手だった。

私が小学校三年か四年のとき、姉が非行に走るようになった。父や母と姉が言い争いをしているのを目の当たりにし、とても悲しい気持ちになったが、それを口に出すのは負けで、とてもかっこう悪いような気がして、何でもないふりをしていた。この頃から姉と話をすることはほとんどなくなった。学校の給食中、姉のことを知った女の子に、「健一君のお姉さんって不良なんだって」と目の前で噂され、ショックを受けた。姉をかばいたい気持ちと、自分まで白い目で見られているような感じがいやで、混乱した。しかしここでも怒るとかっこう悪いという気持ちが強く、無視をした。無視をしたことについて、自分で自分がとてもいやになった。

⑥いろいろなことで一人悩む

このことも含めて、小学校四年から五年のときは、いろいろなことで一人悩むことが多かった。人づき合いだけでなく、「命って何だろう」「死ぬってどういうことだろう」などの深い悩みもあった。五年生のとき、一時的に他人がやっていること、言っていることがすべてつまらないことのように感じてしまうことがあり、特に給食の時間には全く笑わない時期があった。

スポーツが好きでサッカー少年団に入るが、「監督―子ども」や「先輩―後輩」といった、縦社会のような人間関係がとてもいやで、サッカー自体は好きだったのにすぐやめてしまった。それについて挫折感はあったが、仲のいい友だちがいたおかげで、あまり後にひかなかった。二人の親友に取り合いをされたりしたので、けんかを仲裁することに長けていた。それらの友だちも転校してしまうが、この頃にはもうすでに「自分には長く将来までやっていける友だちができない」といった悩みを抱えることはなく、自動的にそういう感情は抱かないようになっていた。

⑦家庭が安定し始める

姉の非行が落ち着いてきて、いくつかの専門学校に通うようになった。両親の仲は悪くならず、姉も家にあまりいなくなったので家庭のなかは安定し始めたと言えた。しかし仲がよかった家庭がバラバラになったような空虚な感覚を感じて、私自身は動揺していたが、やはり表には出さなかった。また、親を心配させたり、わがままを言うことはとても悪いことだと感じるようになり、さらにおとなしい態度をとるようになった。今にして思うと、この頃から親に心配をかけず学校の成績もいいほうであった私は、そうなれなかった姉を見下すような、変な優越感を持っていた気がする。中学校に入る時期にまた引っ越しをして、またも親しい友だちとの別れを経験した。引っ越し先の中学校では最初クラスメイトと距離をとって、自分からはあまり話しかけないでいた。しかし近くの席にいた友人が話しかけてくれたので、あまり孤独を感じないですんだ。

中学校は田舎で、少し荒い土地柄で、暴力的な雰囲気の学校だった。教師の体罰や生徒同士の暴力など、小さいものはしょっちゅうあり、それがいやなのとその怖さのため、四、五人の仲のいい友人以外とは関わろうとしないようにしていた。椅子を投げつけるようなケンカが近くで起きても、「ふうん」といった感じでそれを見ているような態度であった。これは、今までも多少そういうところはあったが、中学では特に態度が徹底していた。荒れた雰囲気のなかで男子学生による、小突いたり悪口を言ったりするようないじめが、あちらこちらで行われていた。

⑧いじめを受ける

中学二年のとき自分も目をつけられ、「何かっこつけてんだよ」などといわれたり、突然囲まれて蹴られたりもした。女子は基本的にはそれらを見ているだけのような状態であったが、あまり強く抵抗しないのを見て、悪口になるような歌を歌ったり、陰でばかにするような、遠まわしないじめをしてきた。本当はそうした人たちを怒鳴りつけて、ぶん殴ってやりたかったが、それをするとますますやられそうだし、かっこう悪い感じがして、受け流すようにした。このことで非常にプライドが傷ついたので、今となっては、もう少しやり返しておけばよかったと思う。何の根拠もなく「変質者」「こいつはどスケベだ」など、何かと性的な悪口を男子や女子に言われ、自分には魅力がなく、恋愛をしたりされたりすることは自分のキャラクターではないと思い込むようになった。そのせいか中学生の時期では恋愛感情自体がほとんど出なかった。今にして思うと、感情が出るのを無理に抑えていたような気もする。

こういったことが重なって、中学二年の頃はひどく落ち込んで暗くなった。強く攻撃的な気持ちになり、自殺や殺人など破滅的な衝動に駆られることさえもあったが、そういう感じを周りに見せないようにしていた。人の目をとても気にするようになり、また「俺はお前らみたいに下品じゃないんだ」といった変なプライドがあった。中学校では体育系の部活に入り、体力的にきつい部だったが三年間続けた。ここでがんばったことは後々までも自信につながっていると思う。当初は部活動という言葉の雰囲気から縦関係を連想して、動揺していた。しかし部全体に上下関係に対して自由な感じがあり、緊張がほぐれた。いい友人もでき、気持ちが落ち込んでいたときも部活で気を晴らした。

⑨第一志望の高校に合格

三年になって受験が近づくと、みなそれぞれの進路のことで頭がいっぱいになったのか、いじめが急になくなっていった。同時に部活動も引退し、好きなことといやなことがどちらもなくなり、妙な孤独を覚えた。受験を初体験し、順序をつけられる感覚を初めて知り、世の中に対していやな面を感じる。受験自体は成績が元々そんなに悪くなかったことと、あまり難しいところを狙わなかったため、第一志望の高校に合格した。

⑩高校生活、新しい部活へ

高校の頃は、父は転勤があったが、単身赴任をしていた。父が家にいなかったため、父との対話は今まで以上になくなる。また姉が結婚・出産をし、家から出たことで、ほとんど母と二人の生活であった。そのため家庭内は非常に静かで、関わりの少ない雰囲気になった。

高校は中学よりも市街地にあり、初めての電車通学を始めた。また中学までの知り合いはほとんどいなかった。心気一転しようとして、今までと違う部活を始めた。上下関係の厳しくない部で、部活動は順調で友人もできて充実していた。友人はマニアックでいわゆるおたくな感じの人が多く、少し驚きを覚えたが仲はよかった。友人たちとの関係のなかで女の子とも少しは話せるようになっていった。そして友だちの一人に彼女ができたのを目の当たりにして、恋愛感情が自然に出てくるようになった。その流れで好きな人もできたが、告白して失敗し、再び恋愛についての自信がなくなった。担任教師や部活顧問の先生とは、中学校のときの暴力的なイメージが強く残っていて、好き嫌い以前に一切関わろうともしなかった。

⑪大学受験に失敗

特に高校三年のときの担任が偉そうなやつで、教師への不信感は頂点を極めた。

勉強面では、理系で数学や理科を好んだ一方、国語が得意で、哲学など人間的で内面的なことに興味があった。そして自分がどういう人間かを知りたくて読んだ本がきっかけで、高三の半ばに文系に変更した。このときに父や祖父が旧帝国大だったから、自分も大学は行かないとかっこう悪いな、というくらいのあいまいな進学意識が、はっきりした目的意識に変わった。高三になると担任も含めてクラス全体の雰囲気が受験に向けて変わり出したのが非常に窮屈に感じて、無気力になった。点数で勝負をする感じがいやで、受験勉強もわざとあまりしなかった。そのせいで受験には全部失敗した。しかし友人たちも同様であったため、あまりショックもなく、自然に予備校通いを始めた。

⑫孤独な予備校生活

予備校は高校よりさらに街中にあって刺激があったが、かえって徐々に浪人の屈辱感と孤独感が強まっていった。高校までの友だちはほとんど理系で、私は文系に移ったため、予備校の教室には知り合いがいなかった。屈辱感と相まって新しい友人などは作らなかった。予備校は高校よりもさらに競争の雰囲気が強く、それがとてもいやで、教師やその他の職員とも決して関わろうとしなかった。もともと受験勉強をほとんどしていなかったので成績自体は上がり、夏くらいまでは勉強は非常に順調だった。しかし、夏の間に高校時代に好きだった人に出会うも、友だちのままでついに終わってしまうということがあり、自信を失ったのと、無駄な時間を費やしたという気持ちになった。同時に恋愛や友人に対しての自信のなさが悪化し、何にも手がつけられなくなるくらい無気力に陥った。その後は上昇した成績がどんどん下がり、プライドがひどく傷つけられた気になり、世の中がすべていやになるくらい落ち込んだ。とにかく馬鹿にされるのがいやで、第一志望の国立大は落ちるが、受験期の直前に何とか踏んばって第二志望の地元の私立大に合格した。

⑬大学入学

入った大学は、楽な気風のあるところであった。いろんなことに行動的な人と何事にも無気力な人とが入り混じっていた。私自身もそのような環境に少し流されてはいたが、いやだった受験勉強からも解放され、好きな勉強ができるという気持ちによって、周囲と比べるとかなり勉強に力を入れた。そのため大学での成績はよく、周囲からも「勉強で優れている人」という評価で安定した。このことは、今まで特に優れたものがなかった私に自尊心をもたらした。一人暮らしを希望しはじめるが、実家が家を建て直すということで断念した。両親への気遣いと浪人した罪悪感があったためだが、自宅生であることが、自立していないことの証明のように感じられて苦しんだ。

新たに友人ができるが、その友人が非常にマイナス思考で受け入れられない思想を持っていたことに気づき、距離を取った。しかし相手には非常に気にいられ、また他に特に友人もいなかったことから突き放すこともできず、孤立した二人のような状態になった。

⑭女性とつき合い始める

その友人と知り合いである女性と、友人の困った部分について話し合っていたが、次第にその女性とつき合い始めた。彼女とはとても仲がよく、その友人とは別の関係になっていった。彼女は消極的で非常に人に頼る傾向があり、私が今までよく見てきた母や姉とは正反対のタイプであった。頼られることが負担ではあったが、正式なつき合いは初めてだったため充実感に満ちていて、また恋愛への劣等感も解消されていった。

アルバイトは、家が経済的に楽なほうだったことと、通学が大変だったことから、まとまった休みのときに短期でするくらいだった。サークルも時間的に楽な文科系に入った。サークルでは入部当初は先輩たちとのやりとりがうまくできなかったが、お酒の場や企画などを経て次第にうまくいくようになっていった。男女がとても仲よくやりとりしているサークルで、恋愛に関する思い込みはここでほとんどなくなっていった。

⑮人間関係の充実

先述の友人があまり大学に来なくなり、今度は彼女と二人で孤立したような関係になった。彼女との仲やサークルでの人づき合いは充実し始め、人づき合いに多少の問題はあったものの、充実感のあるなかでそれはむしろ適度な刺激となった。

⑯就職ではなく進学を決意

三年生ころから授業が専門化していき、より強く関心を持つようになった。しかし純粋にただ好きな勉強をすることから、就職など先を見据えた勉強をしなければならないという思いから、将来への不安が次第に強くなっていった。また就職活動の雰囲気が周囲からも出始め、「自分のやりたいこと」や「自分はどんな人間か」などを考えさせられ、それをとても苦痛に感じた。しかし時間的に忙しくはなかったので、じっくりと考えることができ、自分の勉強への物足りなさを自覚し、勉強を続けることを決心した。彼女との関係も徐々に卒業後のつき合いや結婚など、将来について考えなくてはならない雰囲気になり、また彼女もそれらについて不安が強く、関係がギクシャクし始める。長く考えたことが、逆に彼女の不安をあおる結果となってしまった。

⑰進学後の将来に不安

就職活動期に入り周囲が行動しているなかで、進学を決心はしていたのだが迷いが出てきた。特に進学後、何をするか迷い、不安になった。好きな勉強はあるが、研究したいテーマがあまりはっきりしていなかったので、生活で自立したいという気持ちから、進学先については他県の国立大に決定した。国立大にしたのは、少しでも経済的な負担の少ないところにすることで、親に対して自立の意思が伝えられると考えたからであった。

現在は自分の将来や彼女との関係について、不安がつきまとっているが、逆にこれから変われるのではないかという期待もある。環境が変わることから、これを機にいろいろ経験を積んで自分を人間的に成長させたいと思う。

5 負けず嫌いでやってきた私

——青山真美（二十三歳、女性）

自己紹介

　このライフラインを書くにあたって、注意したいことは、いかに自分と正直に向かい合い、自分を偽らずに書けるかということだと思っています。私が自分と思っている自分はもしかしたら本当の自分ではないかもしれないけれど、今、私にできる範囲で、自分というものと向き合ってみたいと思います。

　私は自分を人に知ってもらい、心のどこかで認めてほしい、もしくは許してほしいのかもしれません。どうか、これを読んだ人たちが私を軽蔑しませんように、と祈りながら。本当の自分を見せるには勇気がいります。なぜなら、私はまだ今までの自分と向き合えないところがあるのです。

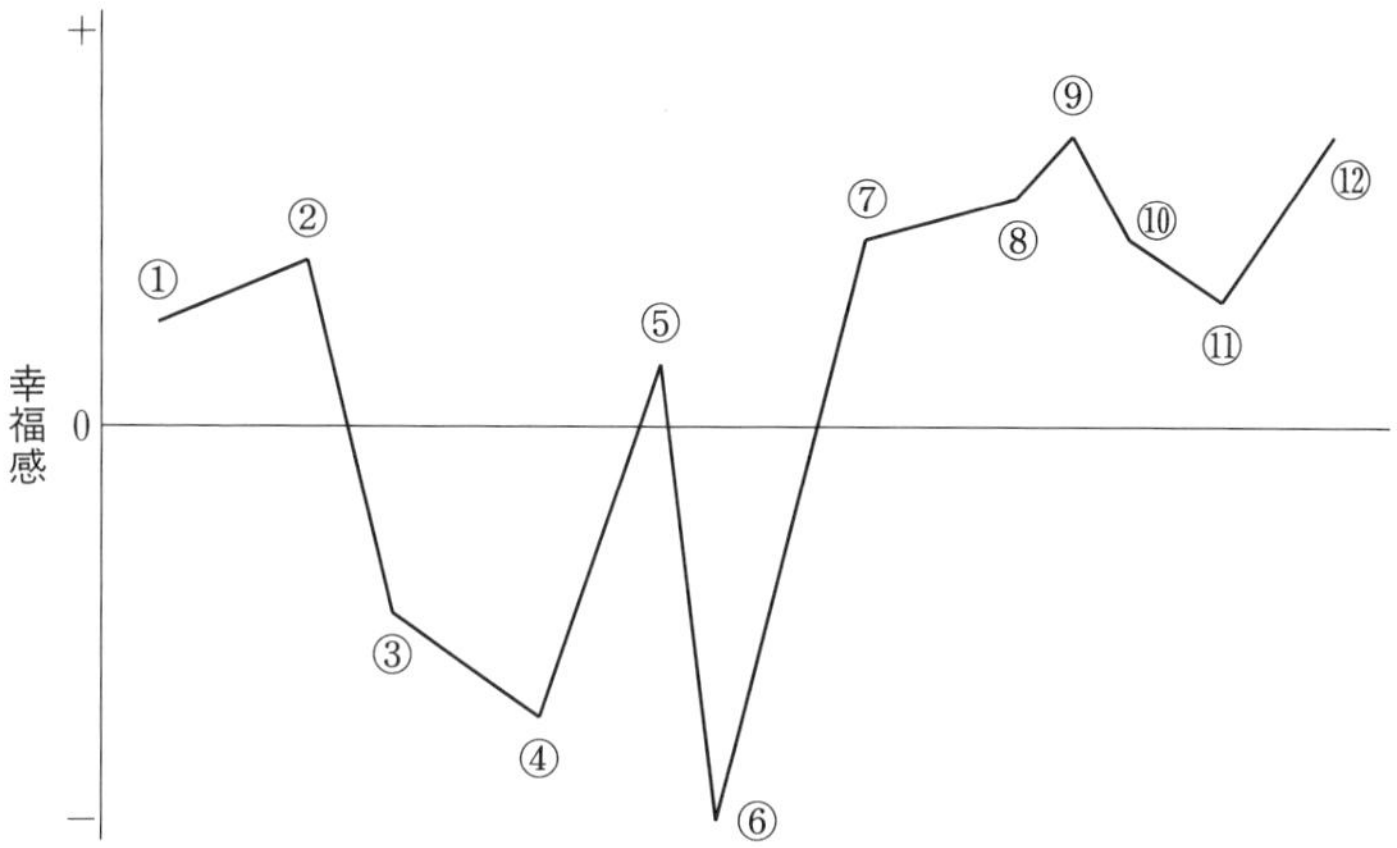

①三人兄弟の真中，長女として生まれる
②教師との関係がうまくいかず，ストレスがたまる
③中学校入学，クラスメイトになじめない不安な日々
④嫌がらせや裏切られることを体験し，人間不信になる
⑤親友とよべる友人と出会う
⑥親元を離れ浪人生活，自分を見直す
⑦高校合格，そして母との二人暮らし
⑧大学入学，新しい環境での新しい生活
⑨現在の恋人と出会う
⑩自分の進路について考え始める
⑪就職活動を開始
⑫社会人を目前にして

①三人兄弟の真中、長女として生まれる

私は、長女として生まれました。兄弟は三つ上の兄と、二つ下の弟です。上と下が男兄弟のためなのか、私の生まれ持った資質なのかは分かりませんが、とにかくおてんばで、好奇心旺盛な子だったようです。親の愛情にも恵まれ、特に父親からは、一人娘としてとてもかわいがられました。当然、私はお父さん子として育ち、わがままを言っては父親を困らせていたそうです。母親はよく「活発な子だった」と幼少期を振り返って、なつかしそうに言います。幼稚園では、人見知りもせず、みんなを率先して集めて遊んでいたようです。でも、先生にしかられた次の日などは「幼稚園なんか行きたくない！」と言って泣きわめき、その日は幼稚園を休んで両親と一緒にりんごの果樹栽培をしている山に行ったのを覚えています。このときのことを母は、「〈行かなくてもいい〉とは言うけれど、次の日には自分で〈行く〉と言い出す子だったから休ませても何の心配もしなかった」と言います。両親の子育ての方針は、あまり子どもに干渉せず、子どもの意思を大事にするというものでした。その方針は、その後の教育にもあてはまり、私も兄弟も、習い事はしたことがあっても塾に行かされたことは一度もありませんでした。

小学校に入学し、始めは緊張しましたが、すぐに友だちもでき、楽しく学校に通っていました。担任の先生は年配のやさしいお母さん風な先生で、私は先生が大好きでした。一人ひとりの子どもの個性を尊重し、しかるときは怒鳴ったりその子自身を責めるような言い方は絶対にせず、子どものした

悪いことだけをやさしく注意する先生でした。母に聞いた話ですが、入学したばかりの私は、授業中に勝手に席を立ち、窓辺で雲を見ていて、先生を困らせたこともあったそうです。母は「自由に育てすぎたかしら」とつぶやいたそうです。

②教師との関係がうまくいかず、ストレスがたまる

小学校三年生になって、クラス替えがあり、担任の先生も変わってしまいます。三、四年の担任の先生は新任の若い女の先生でした。きれいな先生で、私は新しいクラスに期待を寄せていました。私は勉強も運動も何でも、人よりできるほうだったし、またそれを人にほめられたいという子どもでした。両親は私のそういう自己主張の強いところや目立ちたがり屋のところをうまく誉め、やる気を出させ、自信をつけてくれました。しかし、その若い先生は、何かと目立とうとする私を誉めてくれることはなく、むしろ協調性や平等を大事にし、みんながいい子であることを望んでいるようでした。その先生との関係に物足りなさを感じ、私は先生と仲よくなりたいと思い、先生に手紙を書きました。内容は、「先生の好きな食べ物は何ですか」とか、「先生の血液型は何ですか」という先生への質問や、自分の好きなことを書いて、最後には「先生と文通みたいにしたい」という希望を書きました。返事が返ってきたときはすごくうれしくて、ドキドキしました。手紙を読んでみると、質問の答えと「こういう手紙の交換は特別扱いすることになるのでやめにしましょう」というものでした。なんだかすごくショックで、がっかりしました。ただ、先生と手紙のやり取りをすることで、何かを共

有したかっただけなのです。それから、その先生は私を受け入れてはくれないと感じ、クラスも楽しくないものになりました。教師として、平等に子どもに接する姿勢はすばらしいと思いますが、子どもは一人ひとり違っていて、たくさんの個性や価値観があることを認めてほしかったし、よい子の枠に私をはめてほしくなかったと思います。

そうして、半年過ぎた頃には、授業にやる気を失った私がいました。手を上げても指名されるのは、頭のよいおとなしい子やしっかりした子がほとんどで、私は段々授業がつまらないと感じ始めました。そんな私の目から見たほかの子は、先生に好かれていることを誇りにし、まるで私よりずっと優れているかのように見えました。そんな子たちを真似て、私も先生が望むような子になろうと努力しましたが、やはり無理でした。私は私でしかなかったのです。

そんななかでも、私は幸せでした。家に帰れば、変わらぬ夕飯が待っていて、私を包んでくれる家族がいたからです。私の家では、朝夕の食事は必ず全員で食べました。母親が働きに出てからも、家族みんなで食卓をかこむ風景は変わりませんでした。いつもご飯を食べながら、その日の出来事や不満を何でも話していました。それは、今でも変わらない我が家の夕食です。この時期の父は遅番があり、家族と一緒に夕飯を食べられない日があるので、気の毒に思いますが。

しかし、こんな風に、食卓でいくら家族や両親に話をしても、学校で感じる不満をすべて解消することはできませんでした。その不満は先生に気に入られている良い子たちに向けられました。その当時は、自分がイライラしているなんて気づかなかったし、先生に好かれていないなんて自覚していませんでした。ただ、学校があまり楽しくなくて、他の子たちをうらやましく思っていました。そして、自分を守るために、自分という存在を強く人に押しつけていきました。友だちの前で常にリーダーシップを取り、自分が周りの人に好かれていることを確認したかったのかもしれません。その結果、仲よくしてくれる子は一人もできませんでした。

そんなとき、一人の女の子が話しかけてきました。「友だちになってあげてもいいよ」と。その子は、何人ものお姉さんがいたため、少しませていて、いつも自分は特別な存在であるかのように振舞っていました。私がその子と友だちになるためには、条件がありました。それは、秘密を守ることでした。最初何のことか分かりませんでした。その子から嫌われていると思いこんでいた私は、ただ嬉しくて、何の疑問も抱かずにいました。だから、その子が万引きをして見せたときは、とても驚きました。でも、強く注意することはできませんでした。そして、万引きしたお菓子を一緒に食べたら、何も言えなくなりました。「あなたもやってみて」と言われ、怖くてしり込みしていたら、「なんだ、やっぱりできないんだ」と言われ、悔しくなってあっさりと万引きしてしまいました。

彼女と友だちになり、一緒に万引きをするようになってから、始めは感じていた罪悪感も次第に薄れていき、なんだか心強い味方ができたようで、世界が楽しくなりました。彼女がいれば、何でもできると思いました。決して離れていかない友だちができて、私は有頂天でした。しかし、そんなことは長くは続きませんでした。万引きしなれたスーパーで、つかまってしまったのです。店の人は、私たちがずっとまえから万引きしていたことを知っていたと言いました。私はばれてしまった恐怖から目の前が真っ暗になり、怖くて、申しわけなくて顔を上げられずに、ひたすら「ごめんなさい」と言いつづけました。店長さんは最後に「今回は警察には言わないから、もうするな」と言ってくれました。私はその言葉で深く反省し、家に帰って母親に万引きをしていたことを告白しました。その後、父親に死ぬほどほおを殴られ、初めて本当に自分はしてはいけないことをしていたのだと気づきました。今は、両親が本気で私をしかってくれたことに感謝しています。また、両親に、「おまえを信用できなくなった」と言われ、とても悲しかったのを覚えています。もう二度とこんなことはしないと決心し、その子とは遊ばなくなりました。このことは、先生にも知られることとなり、私は問題児になってしまいました。一度失ってしまった信用はなかなか取り戻せないことを痛感しました。

小学校五、六年生になって、担任が替わり、新任の若い男の先生となりましたが、私の生活はあまり変わりませんでした。先生とも特にうまくもいかず、しょうがないとあきらめていました。しかし、バスケットボール部に所属していたため、友だちはいました。私はそこで、絶対に裏切らない取り巻きを作りました。そのなかで私はいつも中心で、嫌いな人の悪口をみんなで言い、言わない子がいようものなら、厳しく責めました。一人になることがいやで、怖かったのかもしれません。友だちがいない、できないなんてかっこうが悪くて、認めたくありませんでした。だから、絶対王政のようなルールを決め、それにしたがわない子はすべて仲間はずれにしました。

そんな傲慢な態度でつなぎとめている友情はとてももろく、私は常に不安でした。よく、先生に呼ばれ、「ある子がおまえにこんなことをされたと言っているが、本当か？」と聞かれることがありました。私は、「またか」と思い、誰が告げ口したのだろうと考えをめぐらせていました。反省もせずに、うわべだけの謝罪をし、「先生なんてこんなものだ。だれも私のことをわかってくれない」と思いました。この頃の私は、ずいぶん屈折した性格だったように思います。「早く中学校に行きたい。こんな小学校は早く卒業したい」と願っていました。新しい環境になりさえすれば、この悶々とした生活から抜け出せそうな気がしたからです。しかし、この私の発言も先生の知るところとなり、またしても、「なぜ、そんなことを言ったんだ」ととがめられてしまいました。何でも自分の思い通りにしているはずなのに、なにもかもが面白くなく、ストレスがたまっていました。体調を崩したこともありました。学校にいるときの私は、いつも孤独でしたが、自分ではつらいとは思わず、ただつまらない毎日でした。そして小学校を卒業しました。

③中学校入学、クラスメイトになじめない不安な日々

待ちに待った中学校入学です。私の通っていた中学校は小さな小学校がいくつも集まっている小規模校でした。勉強もそれほど難しくなく、のんびりとしていました。入学してすぐにいろいろな小学校の人と友だちになりました。私は人見知りするほうではなく、どちらかというと社交的な性格だったので、最初は友だちがたくさんできました。しかし、それもすぐにうまくいかなくなりました。小学校時代に普通の友だちづきあいではなく、王様のような関係でしか人とつき合うことがなかったためだったと思います。小学校時代の取り巻きたちは当然離れていきました。クラスでも仲のよい子同

士のグループができ始めたころに、結局一人でした。でも、放課後になるとクラスの違う何人かの友だちがいました。このときの私は、嫌われることが怖くて、いつも人の顔色をうかがいながら生きていたように思います。

④嫌がらせや裏切られることを体験し、人間不信になる

中学校の二年生になるころ、小学校のとき仲間だと思っていた子から、嫌がらせを受けます。今思えば本当に些細なことでしたが、そのときはすごくショックでした。自分がしてきたことを棚に上げて言うのもなんですが、本当に傷つきました。明らかに自分を嫌いな人間がいるという事実を人から突きつけられると、自分がとても悪い人間のような気がしました。嫌がらせと同時に、その子のお姉さんから呼び出されるようになりました。そのお姉さんは、不良として名の通った人で、いろいろな文句を言われました。暴力的なことはありませんでしたが、そのときは大きな負担でした。また、昨日友だちだった子が、次の日には無視をするということが重なり、クラスにもいづらくなって保健室に行く回数がふえました。保健室の先生にはそんなときによく相談にのってもらい、カウンセラーという職業を知りました。このころから、漠然とではありますが、心理学に興味を持ち、大学に行ったら、心理学を勉強しようと思うようになりました。

⑤親友とよべる友人と出会う

中学三年生のクラス替えで、やっと本当の友だちができます。一緒にいるだけで楽しくて仕方がありませんでした。友だちの悩みを聞いたり、相談しあったり、そんなあたりまえのことをあたりまえにできることが、とにかく嬉しかったのです。小学校時代の取り巻きたちの嫌がらせも気にならないくらい楽しかったです。このときの友だちとは今でもよい友だちで、その子は小学校時代の私を振り返って、「小学校のときのあなたは、例えるなら猿山のボスだったの。同じ小学校からきた子たちは、きっとあなたを倒せば、世界が自分のものになるって考えたんだよ。だから、あなたが、みんなの標的としてたたかれたのだと思うよ」と言いました。その話はよく分かりました。私が、環境が変わることで今の状況から抜け出したいと思ったのと同じように、他の子たちも状況を変えたいと思っていたに違いないと分かりました。嫌がらせを受けたときは、なぜ私ばかりこんな目に会うのだろうと思ったりもしましたが、よく考えてみると自分がしてきたことがめぐりめぐって自分に帰ってきただけなのだと分かりました。思い上がって、人を傷つけていた自分を思い知らされた中学時代でした。

⑥親元を離れ浪人生活、自分を見直す

高校受験がせまります。大学に行くためには兄の通う高校に行かなければならなかったのですが、

私の成績はボーダーラインぎりぎりでした。その高校に行きたいと強く願えば願うほど、受験への不安は大きくなりました。両親が、大学に行くことに賛成し応援してくれましたが、それでも不安が消えることはなく、自分を信じられないまま受験しました。そして、予想外の問題が出ただけで動揺し、あっさりと落ちてしまいました。人生が終わった気がしました。なんとなく、自分に対する神様の罰なのかもしれないとも思いました。高校に落ちた私は、まず両親を責めました。一度、弱気になった私が、「ランクを一つ下げたい」と言ったとき、両親に「大学に行きたいならそんな弱気なことを言わないでがんばれ」と励まされ、進路変更しなかったことがあったからです。もちろん、ランクを下げ、その高校に受かったとしても、決してそれが望む結果ではなかったはずです。しかし、中学生の私には、高校生になれないという事実が重く、しばらくの間、落ちたことを受け入れられませんでした。現実逃避ばかりの私に、最初は放っておいた両親が「受験を最後に決めたのは自分だろう。こうなったのは、誰でもない自分のせいだろう」と言いました。私は最初、ひどいことを言うと思いましたが、事実でもあったので、両親を責めることをやめました。

それから、両親と相談し、私立高校も受験してみましたが、結局浪人することにしました。家の近くに予備校がなかったため、また人の目が気になるため、県内の予備校ではなく、大学生になったばかりの兄と同居しながら、県外の予備校に通うこととなりました。私なりの進路が決定して、やっと自分の置かれている状況を受け入れられるようになりましたが、同じ中学校の人や近所の人の目は非常に気になり、家の中ばかりにいました。そんなとき父親に、「おまえは、悪いことをしたわけじゃないんだから、堂々としていればいい」と言われ、とても嬉しかったのを覚えています。こうして、私は、出身中学校始まって以来の浪人第一号となりました。この決断を勧めてくれた両親には心から感謝しています。もし、世間体を気にして浪人せず、不本意なまま高校に行っていたら、きっと後悔していたと思います。浪人をさせてくれた両親の勇気に感謝し、尊敬をしています。

こうして私は兄の大学生活のおまけのように、親元を離れ、予備校に通いました。この一年は私にとってとても有意義な一年でした。勉強も最初はついていけるか心配でしたが、すぐに慣れ、友だちもできました。予備校の先生は学校の先生とは違い、親身に相談に乗ってくれますが、過干渉ではなく、学校も規則のない自由な雰囲気でとてもよかったです。この一年は、自分を変えるきっかけになりました。それまでの自分を知る人が一人もいない環境のなかで、私は今までのいやな自分を捨てることができました。先入観のない目で私を判断してくれ、どんな自分も受け入れてくれる空間は、天国のようでした。新しい環境のなかで、新しい自分をどんどん発見することができました。

ここで、話は前後しますが、中学時代、初めて家族に危機が訪れました。父の浮気が発覚したのです。なんだか現実味がなく、信じられませんでした。この事実を私に伝えたのは父でした。私はお父さん子だったので、父が二人だけでご飯に誘ってくれたとき、特に何も思いませんでした。父は私に、「誤解してほしくないんだが」と話を切り出しました。内容は、父は、母を愛しているが昔好きだった同級生の女性に会って恋をしてしまった。でも、今はもう終わった、ということでした。中学生の私にはショッキングな話でしたが、父が自分にだけ直接話してくれたことだし、もう終わっていると言ったので、父を嫌いになったりはしませんでした。しかし、強くやさしい父が、母以外の人を好きになったという事実は、やはりショックでした。私のなかの父は、やさしくて、頭もよくて、母よりも強くて威厳があったのです。私はそんな父の存在を、この頃は一度も疑うことなく育っていたのです。私のお父さんは誰よりもすばらしい人なのだと。もちろん、今でもその気持ちに変わりはありませんが、現在は、父が父であるまえに一人の男の人であるのだと受けとめています。

⑦高校合格、そして母との二人暮らし

浪人の一年が過ぎ、二度目の受験は、無事に合格することができました。高校生活は一つ年下の同級生との生活でしたが、気持ちの整理はできていたので、抵抗なく、うちとけられました。私は、高校生になってからもあいかわらず、小さなトラブルを起こしては両親にしかられ、心配もかけていました。人間関係においては、以前に比べると穏やかで、ストレスを感じることも少なくなってきました。しかし、親しい友だちができて楽しい生活のなかでも、自分の感情と他人への配慮のバランスでうまくいかず、自己嫌悪することもよくありました。

また、高校生という年齢は、異性の目をとても気にする時期で、話題はひたすら恋愛の話ばかりでした。私は母によく、「高校生のうちは好きな男の子とは親しい友人としてつき合いなさい」と言われていました。つまり、高校生でいくら好きな人がいても、セックスするには早い、若すぎるということです。また、母は、「本当に好きな人とだけしなさい。後悔のないように、軽はずみな行動はし

ないように」とも言ってくれました。

　私が母とこのような会話ができるようになったのは、父と母の間で、再び父の浮気問題が浮上したときです。父の浮気が継続していることを知った母はショックを受け、親類の空家を管理するという名目で、父との関係修復のための距離をとるようになりました。私は、学校に近いという理由で、高校二年生の半ばから母と二人暮らしを始めました。父の浮気についての詳しい事情を聞いたのは、二人暮らしが始まって少したってからです。初め母は、決して父を悪くは言わず、浮気のことも私たちにわからないようにしていましたが、我慢の限界に達し、今までの詳しい話をすべてしてくれました。そのときの私の心境は、突然すべてを聞かされて混乱し、何より私の自慢の父が、ただの男になってしまったことが、一番のショックでした。完璧な父親像だっただけに、そのショックは大きく、父に対する不信感も大きかったです。一方、私を信頼し、一人の大人としてすべてを話してくれた母に対する信頼感は一層深まり、母とは何でも対等に話せる関係になりました。この衝撃の告白は、私にとって、両親を一人の男と女としてみるきっかけとなりました。初めは複雑でしたが、すぐに慣れ、むしろ大人としてあつかってくれることが嬉しく、母と暮らした一年半の生活は、親子というより女同士の生活といった感じで楽しかったです。この後、私は大学に入るまで、父との関係に少しずつ距離をおくようになりました。父のことを頭で理解しようとしても、気持ちが追いつかないといった感じでした。

⑧大学入学、新しい環境での新しい生活

楽しい高校生活も終わりを迎え、受験一色の生活となりました。高校受験の失敗がありましたが、乗り越えたという自信があったからか、あの頃のようには動揺しませんでした。センター試験もなんだか楽しいイベントのような感じで、合格することができました。私自身も嬉しかったのですが、なにより両親が喜んでくれたことが一番嬉しかったです。

いよいよ大学に入学します。大学に入ってまずしたかったことは、友だちをいっぱい作ることです。新しい環境に多少は戸惑いもありましたが、新しい出会いや好奇心のほうが強く、大学の一年はあっという間に過ぎました。大学に入ってからのアルバイトは、約四年やったことになります。私はこのバイトで多くの貴重な経験と失敗をし、信頼のできる上司や仲間を得ることができました。ここでの出会いは、私の学生生活の幅を広げ、社会に出るためのよい準備期間になったように思います。また、初めて自分で働きお金を稼ぎ、あらためて両親が育ててくれてことに感謝しました。

⑨現在の恋人と出会う

大学生活で特に重要な出会いは、二年の春休みに現在の恋人と出会ったことです。彼の考え方は私とは全く正反対で、お互いの足りないところを補いあうことができました。また、彼は私の外見から内面まで丸ごと受けとめ、私を無条件で認めてくれました。そのおかげで、私は自分を本当に好きに

なり、自分らしさに自信をもてるようになりました。彼と出会ってから二年目に、一緒に暮らし始めるようになりました。そして今、特に問題なく暮らしています。

⑩自分の進路について考え始める

大学三年生になって、自分の将来について真剣に考えるようになりました。それまで、留学したいとか、カウンセラーになりたいとか漠然とした希望はありましたが、実際は何の準備もしておらず、焦りばかりがこみ上げてきました。まるで、この決断が、一生を左右してしまうかのように思いました。しかし、いろいろな人に相談し、自分で考えた結果、やりたいことはたくさんあってよくて、そのなかで一番先にやっておいたほうがよいことは何だろうと考えました。その結果、まず就職しようという結論に達しました。働きながらでも、やめても結婚しても、本人のやる気さえあればいつでもどこでも勉強はできると考えたからです。まずは生活の基盤を作るため、就職することに決めました。

⑪就職活動を開始

決断即実行、ということで、すぐに就職活動を開始しました。どこに行ってもリクルートスーツばかりで、少々うんざりしましたが、避けては通れない道のりであるため、がんばりました。就職活動は、自ら率先して動き、自分の意志のみで進んでいかなければならないので、肉体的にも精神的にも大変労力を費やす活動でした。でも大変な分、得ることも多く、自己分析をしっかりすることの大切さ、自分のやりたいことを明確にすること、自分の適性なども分かるようになりました。また、社会における常識や学歴や男女の差別など、学校では学ぶことのできない多くのことを学ぶことができました。春に始めた就職活動は夏に終わり、秋から卒論に取り組んでいます。

⑫社会人を目前にして

現在は卒論を終え、最後の大学生活を有意義に過ごすべく、毎日忙しくしています。四月から社会人としてやっていけるように、これからもがんばりたいと思います。

ライフラインを終えて

このライフラインを書くことによって、自分が生きてきた二十三年間を振り返ることができました。これを書いているとその時々の出来事がよみがえり、幼かった自分がなつかしく思い出されます。どんな出来事も、今思えば、一生懸命それなりに取り組んでいて、私は決してまっすぐな道を歩いてはいませんが、それもまた個性ということで、いいんじゃないかなと思っています。これからも自分を信じて一生懸命楽しく生きていきたいと思います。後悔のない人生を。

⑥ なせば成ると信じてやってきたが……

——今井隆二（二十二歳、男性）

自己紹介

自分は現在、某私立大学に通っております。自分では活発でリーダーシップのあるほうだと思います。昔から割と人をひっぱっていくのが得意で、積極的で好奇心の強い性格だと思います。趣味はスポーツと音楽です。野球は大好きで、今でも素人には負けない自信はあります。勉強はそこそこですが、自慢できるほどではないです。家族とはあまり話をせず、外にいるのが好きなほうです。異性関係は人なみにはあると思いますが、特別積極的なほうでもないと思っています。女性とも男性と同じように、割と友だちっぽくつきあうことが多いです。結構負けず嫌いなところもあると思いますが、どこか冷めてしまうこともよくあります。自分にとって何か大事な目的があるとき、そのための努力は惜しまないほうです。

家族と自分の関わりは割と薄く、深い話はしません。しかし最近、就職や自分の将来についていろいろと話すことが多くなり、少し関係が変わってきています。今は自分自身を見つめ直す機会が多く、自分が少しずつ大人になってきているのかなと感じています。

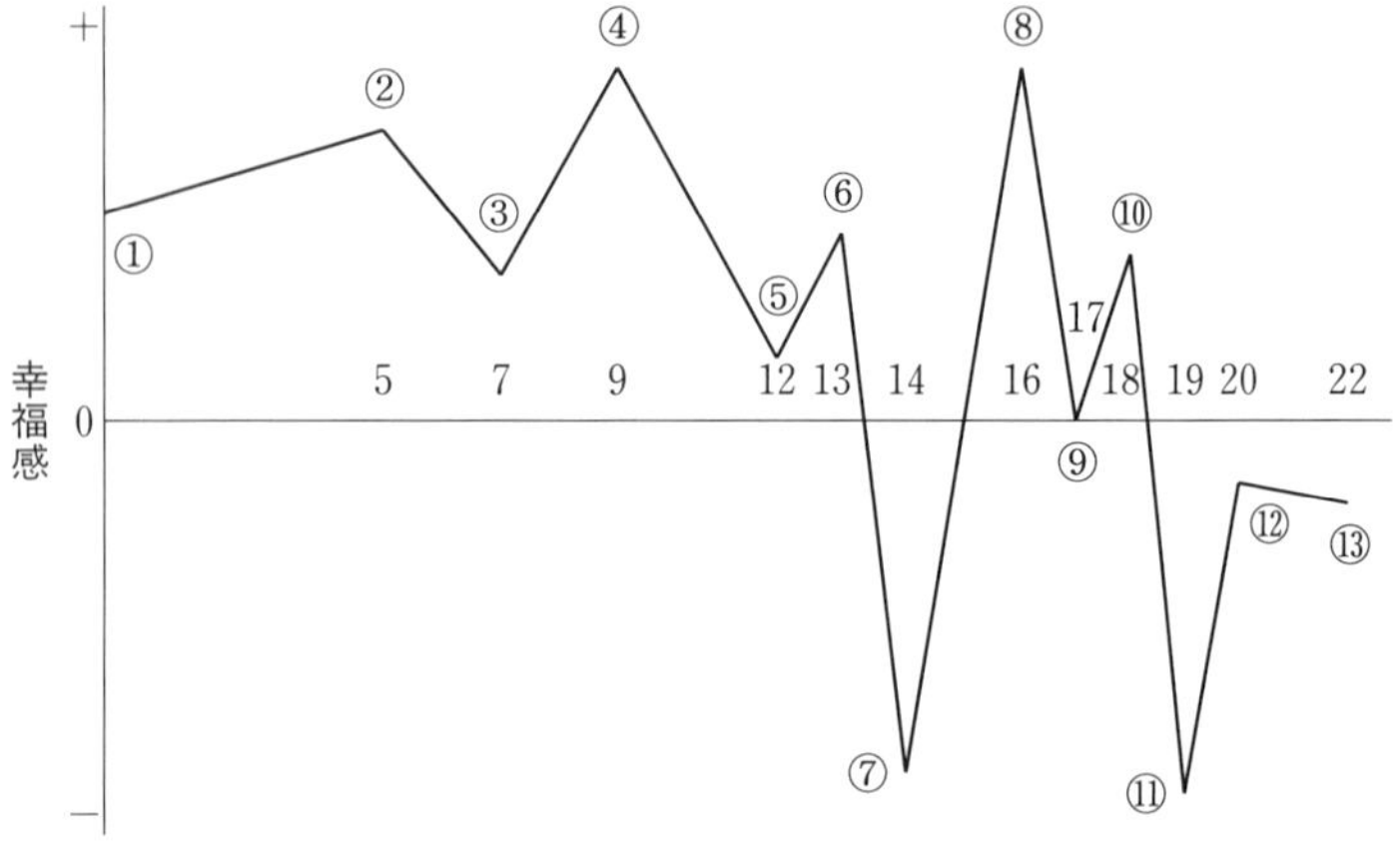

①次男として生まれる
②幼稚園の生活
③引っ越しで他県の小学校に入学
④少年野球を始める
⑤小学校６年の頃
⑥中学校に入学
⑦家庭が険悪な雰囲気に
⑧高校入学，バンドを始める
⑨高校の自由な空気のなかで
⑩受験一本の生活へ
⑪大学入学
⑫再び野球を始める
⑬バイト先の彼女と別れ，就職活動へ

①次男として生まれる

次男として生まれた。生まれたときのことなど、はっきりいって憶えてはいないが、親戚のなかでも一番年下だったのでかなりかわいがられていたように思う。親には、自分を生んでくれたこと、育ててくれたことにとても感謝している。家族構成は祖母、両親、兄と自分であった。兄とはよく一緒に遊んだ。兄や友だちと、テレビでやっていた「○○戦隊」みたいなやつのまねで、戦い合うようなごっこ遊びがとても楽しかった記憶がある。兄とは一歳ちょっとしか離れていなかったので、双子の兄弟のように対等に遊んでいた。兄は自分と違い運動は苦手だったので、体力的にも問題なかった。遊んでいるうちにけがをすることもたまにあったが、親にしかられることもなく、皆やさしくしてくれた。なかでも特に祖母はやさしかった。自分も祖母が大好きで、よく甘えていたと思う。父は自分と兄をよく釣りやドライブに連れて行ってくれた。父は無愛想だが、子どもにはよくかまうほうである。うちはいわゆる団地族で、たまの日曜日に車でいろんな所に行くのがうれしかった。渓流に行くときに車の中で、ずっとはしゃいでいたことが記憶にある。

両親の関係は、亭主関白まではいかないが、父がいつも主導権を持っていた。祖母も家のことにはあまり口出しせず、完全に父が家のリーダーだった。あまりけんかしたり険悪な雰囲気になることはなく、怒鳴り声が上がったりするようなことはほとんどなかった。母はパートに行っていたので、自分は日中は友だちと遊ぶか祖母と遊んでいたと思う。

②幼稚園の生活

幼稚園の頃、友だちはたくさんいた。周囲の大人は温かく、よくほめてくれてとても幸せな時期だった。親戚で集まったときなど叔父や叔母におかしや物など何かともらっていた。どこに行っても常に主役で、いやなことは何もなかった。この頃から運動神経はよく、幼稚園の運動会の徒競走では常に一位であった。自分でも、「僕は運動ができる」という自信をすでに持っていたように思う。かけっこやボール遊びなどは大好きで、いつも自分から率先してやっていた。手打ち野球みたいのが特に好きだった記憶がある。

この頃、軽い交通事故に遭い、二週間くらい入院する。バイクとかすったらしいのだが、そのことはあまり憶えていない。とにかく、入院している間、親や友だちが何回もお見舞いに来てくれた。祖母などは足があまりよくなかったのに、毎日のように来てくれた。退院後も皆温かく迎えてくれた。幼稚園の友だちも「待ってたよ」と言って、前と同じように遊んでくれた。自分の誕生日に、家でパーティーを開いたときも友だちが十人くらい集まったので、かなりの人気者だったと思う。卒園式が近いある日、その後自分が引っ越しすることが決まっていたので、皆がちょっとしたお別れ会をしてくれた。何か特別な贈り物をもらった記憶があるが、何だったかは忘れた。しかし幼心に嬉しかったのを憶えている。しかし、皆と別れる寂しさみたいなものはなかった。このときは新しい土地がどんなところか、というのがとにかく楽しみだった。

③引っ越しで他県の小学校に入学

引っ越しをして他県の小学校に入学。あまりよく憶えていないのだが、最初いじめに遭っていたらしい。おそらく活発なやつが引っ越してきたということで、ちょっかいを出してきたのだと思う。しかし、他の気の合う友だちと話したり遊んだりしているうちにそれもなくなり、すぐにクラスになじんだ。小学校ではこれまで以上に活発な性格になった。ここで、その後高校までずっと行動を共にする親友に出会ったのだが、この頃はまだ多くの友だちの一人だった。また自分はクラスのリーダー的な存在で、一番の人気者であった。とにかく目立つことは好きで、毎日学校に行くのが楽しかった。勉強はあまりやらなかったが、成績は悪くなく、先生からも人気があった。学級委員もやったし、何か決め事があると自分の意見が有力だったと思う。

④少年野球を始める

小学校三年のときに少年野球を始めた。出場した大会では、ほぼすべてベスト4以上に入り、市では一、二を争うレベルであった。県でも強豪の一つに数えられるくらいであった。自分は、打順はいつもクリーンナップを打っていて、ポジションは最初ファーストだったが、後にピッチャーになり、五年生からはエースだった。クラスでの地位も高く、人気は確固としていた。女子にももて、バレンタインデーではチョコレートを毎年いくつももらっていた。

実はこの頃から祖母がぼけ始めた。被害妄想みたいなものが強くて、母も神経がまいってしまった。この頃は家の中は何かと嫌なムードがあり、正直あまり帰りたくないときもあった。父や兄は祖母のことについては、あまり関わらないようにしていたように見えた。しかし、自分は野球も順調で学校も楽しかったので、そう落ち込むこともなかった。

⑤小学校六年の頃

小学校六年のときはキャプテンでエースで四番という、文字通りチームの大黒柱になった。監督やコーチにはよく怒鳴られたり、殴られたりもしたが、それは自分の責任が重いからであると思っていた。むしろ認められている感じがして、嬉しかったのかもしれない。それよりも何よりも、勝負に負けるのがいやだった。ある大会の準々決勝で相手の四番に、その試合で一番の自信をもって投げた内角の速球を、芯で捉えられてツーベースを打たれたとき、悔しくてしかたがなかった。試合自体は勝ったのだが、その日は家に帰ってからも悔しかったのを覚えている。チームの戦績は前年、前々年よりも振るわなかったが、自分自身の個人成績はよく、ノーヒットノーランをして注目されたりもした。あるとき、直接声はかけられなかったが、多分野球で有名なある私立中学のスカウトだろうと思う人に、練習しているところを見られていたこともあった。それがとてもうれしくて、練習にもますます気合いが入った。しかし効き手の指を痛めてしまい、それ自体は治ったのだが、調子ががっくりと落ちてしまった。それほど強くもないチームにも連打されることもあった。それ以来、何か野球が楽しくなってきた。何となく練習にも力が入らなかった。家のことも重なって、この時期は少しブルーな気持ちの日が続いた。

学校の成績は上の下くらいであった。小六の途中から塾に通い始めた。しかし基本的に野球ばかりやっていたので、そんなに一生懸命には勉強しなかった。父の勧めで私立の中学校を受験した。何となく受かるだろうという自信を持っていたが、第一志望のところに落ちてしまった。これは自分としてはかなりショックだった。今にして思えば大したことではないかもしれないが、子ども心に親の期待に応えられなかったという気持ちになった。結局、第二志望のところに通うことになった。しかし同じ中学に一緒に行く友だちもけっこういたので、それはそんなに苦痛でもなかった。

⑥中学校に入学

最初は第一志望に落ちたことを少し気にしていたが、小学校からの友だちもいたしすぐに忘れた。割と余裕を持って受けた学校だったので、成績は常に学年十位以内に入っていた。このとき出会ったある英語の先生にとても影響を受けた。この先生は教え方もうまいが、成績順に席の配置を変えさせたりして、やる気を出させるのがうまかった。自分も嫌がおうにもがんばって勉強した。それで成績もぐんぐん上がっていったので、ますますやる気が出た。その先生にはいろいろと悩みを聞いてもらったこともあった。先生はいつも非常に分かりやすく簡潔な答えをくれ、とても尊敬できる人だった。今でも英語は自分の得意教科である。

中学でも野球をやったが、部活には入らなかった。というのは、ここの野球部は非常にだらけた部で、こんなところに入ったら自分もだめになると思ったからである。その代わり、友人の勧めもあり、町の野球チームに入団した。ここの監督との出会いは運命的だった。とても立派な人で、厳しさとやさしさを兼ね備えた人だった。この人からは野球以外にも実にいろんなことを教わり、人間的にも成長できたと思う。今でも自分が最も尊敬する人である。野球自体はかつてのけがの影響もあり、前のような活躍はできなかったが、チームの戦力として十分な結果を出したと思う。監督も自分を信頼してくれたのを感じていた。

⑦家庭が険悪な雰囲気に

中二の頃から、じわじわと音楽への関心が強くなり始めた。それまではそんなに好きでもなかったが、某ロックシンガーとの出会いが自分を変えた。共通の趣味の友だちもできた。どうしてもギターがほしくなって、貯金をはたいて買った。初めてそれを手にしたときの感動は今でもはっきり覚えている。先述の小学校からの親友とは、音楽の趣味が同じですごく気が合った。この頃から、だんだん野球と音楽の友だち以外とはうまくいかないようになった。やはり、同じ目標や趣味に向かう人と、ただ学校やクラスが一緒の友だちとは同じようにつき合えなかった。どこか、学校の友だちを冷めた目で見ていた。この頃、初めて彼女ができた。音楽の話などから盛り上がり、つきあい始めた。とても楽しかったが、徐々に話が少なくなって、中三になってすぐぐらいに自然に別れた。つき合いといってもあまり恋愛らしい感じではなく、話友だちの延長みたいな感じだった。そのせいか別れてもそんなにショックではなかったし、向こうもそんな感じだった。今にして思うとどこか冷めたつき合い、表面的なつき合いだったような気がする。

家では祖母の病気が悪化し、険悪なムードは一層強くなっていた。祖母は母のことをめちゃくちゃに言っていた。近所の人に「うちの嫁は影で私の悪口を言う」と言いふらして、母がノイローゼ気味になったこともあった。母は祖母や親戚の愚痴や、離婚するとか、家を出て行くとかいったことを自分に話すようになり、気分的には最悪であった。しかし兄や父はあまり話を聞かないので、しょうがなく自分が聞き役に回った。今にして思うと、自分が母の唯一の話し相手だから、という変な責任感も感じていたのかもしれない。みんな疲れているようだった。当時は家の雰囲気がとても嫌で、家に帰りたくなかった。今でも自分は母のため、家のためによくやったと思う。そしてあの頃から自分は、何というか家のなかである種の地位が確立されたという気がする。父もそうだが、この頃から特に兄は無口になり、あまり話をした記憶もない。今ではときどき話をするが、この当時は会話らしい会話をした記憶がない。食事も一緒のことのほうがめずらしいくらいであった。この頃からそういう生活に家族全体が慣れ始めた。

⑧高校入学、バンドを始める

高校へは何の問題もなく進んだ。中学のときと違い、今度は第一志望の高校に合格した。入学して間もなく、小学校からの友だちと一緒にバンドを始める。担当はギターで、バンドや音楽仲間と音楽話をしたり、一緒に音を出すのが何よりも楽しかった。他のメンバーの都合もあり、練習はほとんど土日しかできなかった。それで平日もずっと週末になるのを楽しみにしていた。バンドの練習の日は、なぜかコンビニの焼きそばパンを買って食べるのがパターンになっていた。それで休日の昼はほとんど焼きそばパンだった。高一のとき、学園祭で生まれて初めてライブをやった。緊張はしなかった。それよりも楽しいほうが強くて、とても興奮した。高校のクラスメイトや中学のときの友人も何人か来ており、自分の練習の成果が示せた感じがして最高の気分だった。忘れられない経験である。近くの中学生とかに名前を呼ばれたり、サインを求められたりして、すごく得意な気持ちになった。音楽でプロになりたいと夢見たりもした。

この頃から、家に帰ってもほとんど誰とも会話しないようになっていた。ライブの後などは帰りが遅いこともあったが、特に何も言われなかった。ぼけていた祖母も別の親戚のところで暮らすようになった。そういうこともあって家の中全体が静かだった。バンドにはまっていた自分には都合がよかったかもしれない。

⑨高校の自由な空気のなかで

高二になると少しバンドの路線が変わってきた。いわゆる普通のロック系と、パンク系にメンバーの趣味が分かれてきた。自分や友人はパンク系に惹かれていった。パンク系のノリに気持ちよさを感じるようになってきた。結局バンドは高三のとき解散したのだが、今にして思うと、この頃から少しずつメンバーの方向が変わってきていたような気がする。

ここの学校はすごく自由な空気があり、この高校を選んで本当によかったと思っている。中学校のときの校則は大嫌いだった。しかし、この高校は教師と生徒との間に信頼関係があって、生徒の自由を尊重してくれるところだった。自分は、特にある数学の先生との仲が深まった。最初の頃は怖いイメージがあったが、委員会活動の担当という関係がきっかけで、たくさん話すようになった。話してみるとてもいい先生で、特に先生の学生時代の話が面白く、ためになった。勉強のほうは、中学のときのようにはよくなかった。特に一年のときはジリジリ成績が下がっていった。しかし二年のときからその先生に相談するようになり、勉強にも力が入るようになった。先生はとてもためになる話をたくさんしてくれた。また、やる気を出させるのがとてもうまく、自分もそれにばっちりはまった。成績もそれまで学年で百番くらいだったところから、二十番以内はキープできるようになった。

この頃、同じクラスの女子とつき合うようになった。中学のときのことを考えて、音楽のこと以外も話すようにした。彼女はとても面白い人で、二人でいつもゲラゲラ笑っていた。デートやイベントものなどもよくやっていて、恋愛的にもけっこううまくいっていた。しかし半年くらいして突然別れたいと言われた。正直このときは何が起こったのか分からなかった。その彼女には軽い感じがすると言われたが、自分ではそんなことはないと思っていたので、それなりにショックだった。しかし、親友に話したら「しょうがねーじゃん」と言われ、そのうちあまり気にならないようになっていった。

⑩受験一本の生活へ

高二の終わりからは完全に受験一本の生活になった。学校、予備校に日曜の模試、と非常に忙しかった。しかし充実した気分を味わっていた。そして偏差値が上がったときは素直にうれしかった。一度ある模試で順位ががっくりと落ちたときも、前述の数学の先生に「模試で失敗したってことはむしろラッキーなんだ。まずどこができて、どこができなかったかを見直してからだ」と言われたことが何かすごく効き、復活できた。いざ入試時期が始まると、嵐のような日々が続いた。結果としては、第一志望は落ちたが第二志望の私立は受かった。しかしここではあまり失望はなかった。自分ががんばったことは知っているし、先生との話し合いから、自分のやりたいことのためにがんばることの大切さを強く感じていた。

⑪大学入学

大学に入学。今までと違った人に出会えるのが楽しみであった。しかしはっきり言って授業はつまらなかった。入る前に思っていた授業とは全然違うものだった。教授と生徒のつながりみたいなものが感じられなかった。また人間関係が希薄な感じがして、とても失望した。もっといろんな人がいろんな趣味とか興味を持っていると思ったが、同じような連中ばかりだった。何というか惰性で生きてるようなやつが多くて、話が合わない感じがずっとしていた。学食とかには何人かとつるんで行くのだが、何となく一緒なだけだった。それで自分は一年の頃は、大学の友人とはまともな話はほとんどしなかった。今にして思うと、自分は第一志望の国立を落ちてここに来たから、他のやつらとは違うんだという意識が少しあったのかもしれない。

大学一年の夏くらいからバイトを始めた。バイト先の人たちはとても個性的で、特に店長は若い頃から一人で外国に行ったりして、話がとても面白かった。閉店までバイトに入ったときに、おごってもらったことも何度かあった。そういうときに、ためになる話をたくさん聞けた。音楽だけでなく、いろんな趣味を持っている人が多くて、バイト先では友人もけっこうできた。また、何ていうか、同じ目標で同じ仕事をすることで、連帯感みたいなものが生まれていたのだと思う。また、同じバイト先の二つ年上の人とよく話すようになり、つき合うことになった。今までも女性とつき合ったことがあったが、本気で好きになったと思ったのは初めてだった。デートしたその日の夜に長電話したりと、かなりがっちりとつき合っていた。

⑫再び野球を始める

大学二年のとき、飲み会で音楽の話をしたことがきっかけで学校の友人ができ始めた。それまでは大したことないやつと思っていたが、話してみるといろんなことを考えていたことが分かった。部屋に泊まりに行ったりしているうちに、今ではけっこう親友と呼べる仲かもしれない。あいかわらず授業はつまらなかったが、友人や彼女とのつき合いが楽しく、充実感があった。また、大学では再び野球を始めた。同好会レベルであったが、野球がやれることはうれしかった。やはり自分は根っからの野球好きなのだろう。ただ、先輩と呼べるような人もおらず、監督もいないのも同然なので、物足りなさはある。サークルだからしょうがないとは思うが、正直言ってがっかりだった。ただ引退した今から思うと、それでもやってみてよかったと思っている。今後も何かの形で野球とは関わっていきたいと思う。

⑬バイト先の彼女と別れ、就職活動へ

大学三年のとき、バイト先の彼女と別れた。お互いのやりたいこと、考えを話し合ったうえでの別れだった。何というか、お互いが拘束し合うような感じが息苦しくなってきていたという気がする。自分のやりたいことが全然できなくなっている気がした。悲しくないといえば嘘になるが、お互いのためになる別れであり、後悔はない。

就職活動期になり、自分自身を見つめ直すようになってきた。自己分析とかを何度かやっていると、「おまえはどんな人間なんだ」みたいなことを突きつけられた感じがして考えさせられた。これまであまりそういうことは考えてこなかったので、それなりに悩んだ。自分は今まで、努力すれば誰でも成功する、がんばって勝つことが重要だと考えてきたようである。しかし最近では、何のために勝つことが重要なのかを考えるようになってきた。あるサービス系企業の、人事の人の話を聞いたとき、「社会全体の幸福を目指している」という方針みたいなものを聞いて自分が小さい人間のような気がした。今が自分にとって人生の転機みたいなものかもしれない。

7　責任感の強い優等生の心の片隅に……

――三林淳子（二十三歳、女性）

自己紹介

私は現在二十三歳の大学生です。周りからは「怖そう」とよく言われます。人を寄せつけない雰囲気があるようですが、意識的にそのようにしているつもりはありません。人と仲よくなるのには時間はかかりますが。

性格は気が強く、さばさばとしています。好奇心旺盛で行動力があり、中途半端は好きではありません。その反面、人に素直に頼ったり、甘えることが苦手です。泣いているところは決して人に見せたくないのです。表面的には平静を保っていますが、内心との矛盾に苦しむこともあります。自分の弱さを認める強さも大切だと感じる今日この頃です。

基本的に自分のことは嫌いではありませんが、長所と短所は表裏一体であり、時と場合によって、どちらも私を苦しめ、活かすものであると実感します。

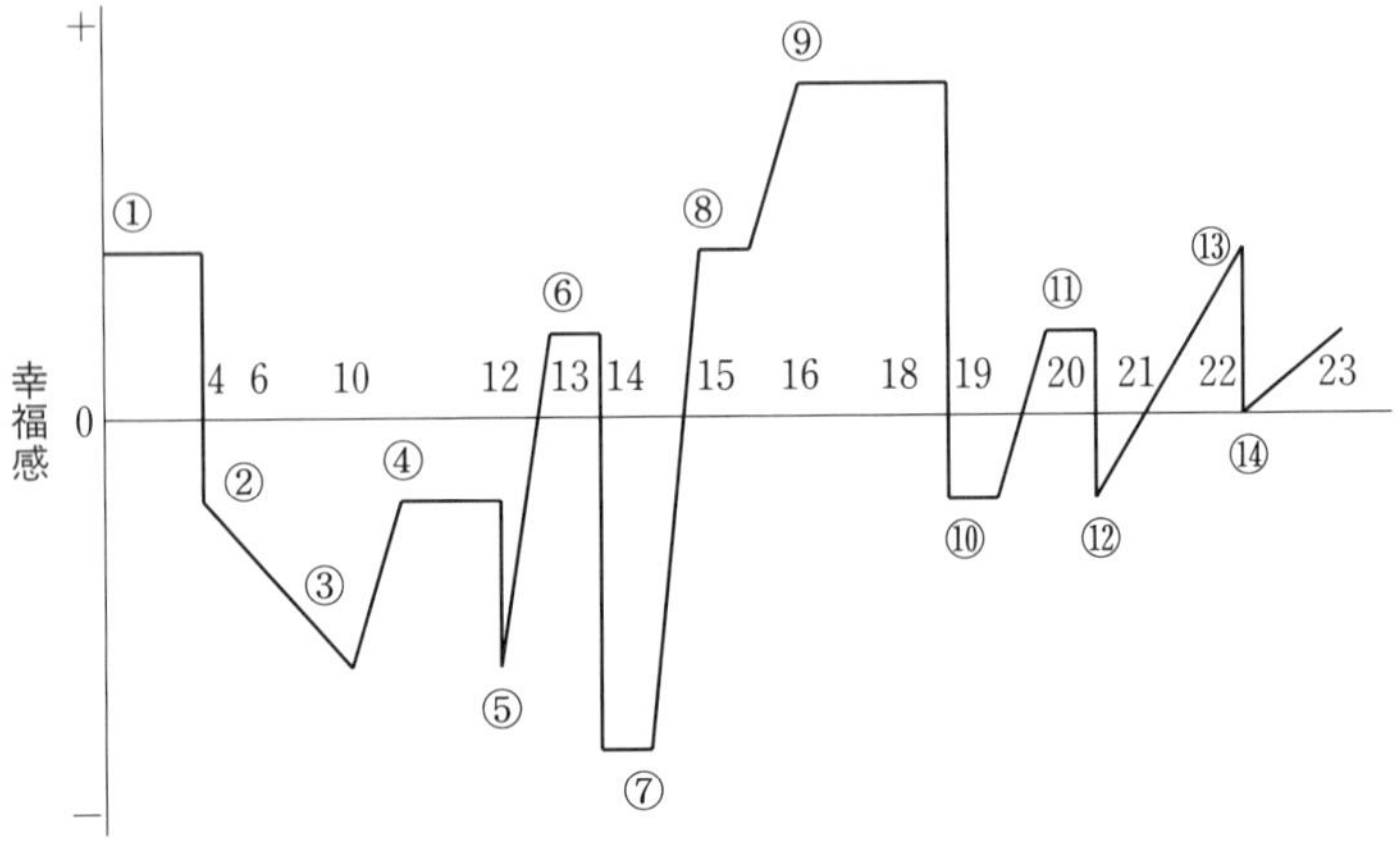

①長女として生まれる
②次女が生まれる
③小学校入学（いじめっ子時代）
④転校して優等生へ（小学校４年）
⑤クラスのみんなから無視される（小学校６年）
⑥中学校入学
⑦３か月間の不登校（中学校２年）
⑧中学校３年，友だちと協力関係
⑨高校入学，吹奏楽部へ
⑩浪人して予備校へ
⑪大学入学
⑫恋愛・友人関係で悩む
⑬彼氏もできて安定した大学生活
⑭将来への不安と希望

私の父は、警察官の祖父と看護婦の祖母との間に長男として生まれました。経済的には不自由なく育ちましたが、厳格な祖父と家事も仕事も完璧にこなす祖母に厳しくしつけられたようです。特に、人に頼らず、自立することを強く言われていたようです。高校から親元を離れ、機械科卒業後は大型建設機械を扱う会社に就職しました。バイクや車が大好きで、乗り回していました。祖母は「昔から自由奔放で、好きなことやっとった」と言います。職場で母と出会い、恋愛結婚しました。

母の家は公務職一家で、娘は母だけだったこともあり、制約が厳しかったと言っています。そんな窮屈な家を出たかったようですが、一人暮らしは許されるはずもなく、「公務員じゃない人と結婚して、家を出よう」と決めていたようです。結婚後は仕事を辞め、主婦になった母は、それまで家事なんてやったことがなく、よく父に怒鳴られていました。父の母と比べられている気がして、悩んでいました。このときの父の亭主関白ぶりが一番強かったし、つらかったようです。「世間知らずで、何もできなかったお母さんを俺が教育してやったんだ」と、父がよく言っていました。夫は外で働き、妻は家で家事をする、口答えなんてもってのほかというような権威的な父と、地味で受身の母という夫婦だったようです。

子どもが生まれれば、多少はやさしくなるかと思い、早くほしかったと言っています。そんな父に対していろいろ悩みはあったようですが、仕事の苦労は一切言わず、無邪気で自由で、喧嘩をしても翌朝には気にしていない父のことを、とても好きだったようです。

①長女として生まれる

結婚して二年後に私が長女として誕生しました。父方、母方双方の初孫ということもあり、親戚一同から祝福され、大変かわいがられました。アルバムの冊数とビデオカメラで撮影した映像の自分を見ても、愛情を一身に受けていたことがわかります。幼いながらにして、サービス精神が旺盛で、踊ったり歌ったりしてはみんなを喜ばせていたようです。それと、何をやるにも、まずは自分でやらないと気がすまなかったらしく、母が手助けしようとしても「自分でやる」といやがっていました。母にべったり甘えていた記憶はほとんどありませんが、常に私の側にいてくれました。私の行動は、近くで見守っていてくれた母の存在が土台になっていたと思います。

②次女が生まれる

四歳の頃、次女が生まれます。周囲の関心は一気に妹に集まり、何かにつけて「あんなはお姉ちゃんなんだから」と言われます。家にいるのが面白くなくなり、朝から夕方まで友だちと遊んでいました。この頃から親を含め、人前で泣いたり、弱音を吐いたりすることに対し嫌悪感があり、弱い自分を外に出さなくなりました。友だちの間でも中心的存在であり「私のあとについて来い」といった権力志向が強かったです。負けず嫌いで、男の子とも対等にやりあっていました。友だちから一目置かれているという気持ちが私の支えになり、いつでもそんな強い自分でいることで、自分を保っていました。しかし、一方で、いつも泣いては甘えている妹や、友だちが泣いて家に帰っては慰めてもらう様子を見ると、とても羨ましく思いました。本当は寂しかったのです。母と一緒に寝たかったし、頭をなでてもらいたかったのです。だからといって母の関心を引こうとは一切しませんでした。母が寄って来ても避けるようになり、妹にも関わらず、先頭に立って友だちと遊ぶことに熱中しました。妹をかわいいと思ったことはありません。

しかし、父は私のことをとてもかわいがってくれました。バイクが好きで、皮ジャンを着てさっそうとバイクに乗る姿はすごくかっこうよく見えて、自慢の父でした。幼稚園に入ったお祝いに、私専用の赤いヘルメットを買ってくれました。バイクのうしろでしがみついた父の背中をよく憶えています。

③小学校入学（いじめっ子時代）

小学校入学と同時に引っ越して、新しい環境での生活が始まります。近所には同じ学校に通う児童が多くいて、家での居場所がますますなくなっていた私は、すぐに友だちをつくり、毎日暗くなるまで遊んでいました。同年代のグループに入ろうとはせず、年上のグループに強引に「入れてよ」と声をかけ、遊んでいました。近くでちんたら遊んでいる同級生とは、私は違うんだという気持ちがありました。そんな私は仲間内では生意気と思われていたらしく、よく仲間外れにされたりしましたが、「負けるもんか」と思い、対等になろうと必死でした。

間もなく三女が生まれ、お姉ちゃんなんだから二女のめんどうをみるようにと言われましたが、妹の好きな人形遊びやままごとは嫌いだったし、「甘えんぼうで泣き虫の妹となんか遊びたくない」と思い、仕方なく連れて行っても、仲間に入れませんでした。仲間たちは妹のことを「すごく、かわいいねー」とちやほやするのを見て、私の居場所をおかされた気持ちになり、なんだかやりきれなくなって、公園のトイレで泣きました。この頃から二女のことを、故意にいじめるようになったと思います。妹の大切な人形を窓から投げたり、ぬり絵をぐちゃぐちゃに塗りつぶしたり、そのたびに母から怒られましたが、「お母さんなんて怖くない」と思っていました。強い父に対して弱い母という感覚があったので、弱いもの、弱いことへの嫌悪感が母にも向けられていったのだと思います。

三女が生まれたというのに、二女は母にべったり甘え、母もそれに応えているようでした。「なんで、私ばっかり」という思いと、「こんな風にいじめることはよくない」という思い、そしていじめても寄ってくる妹の間で、行き場のない気持ちは、母を含め、誰に対しても、反抗的な態度をとることでしか解消されませんでした。

そんななかでも、父だけは私のことをかわいがってくれました。母に怒られて、しょげていたり、休みの日に一人で公園で遊んでいると、バイクのうしろに私を乗せて、デパートや川原に連れて行ってくれました。お店でねだったりすることはなかったのですが、「これ、ほしいか？」と言って買ってくれるものは、レコード、生き物や海の図鑑、腕時計などでした。なんだか一人前として認められているようですごく嬉しかったです。そんな折、大好きな父の単身赴任が決まり、人前で泣かなかった私が、家族の前で父にしがみついて泣きました。

学校生活では、自分にしたがう子を周りに置いて、威張っていました。典型的ないじめっ子です。身長も高く、体格もよく、口も達者だったので、男の子と喧嘩しても負けることはありませんでした。特定のグループに入っていたわけではありませんでしたが、誰も私に対抗してこなかったので、すっかり親分気取りでした。今思えば、いきがっている不良小学生という感じです。唯一深く傷ついたのは、男の子からの非難の声です。「男女」とか「ブスのくせに、威張ってんじゃねーよ」とよく言われていました。力で勝っていた私には手は出してきませんでしたが、席替えや男女のペアをつくるとき、私と組んだ相手の男の子はあからさまにいやがっていて、私は「大ハズレ」として扱われていました。ちょうど、髪型や服装を気にするようになった時期だったのですが、髪を伸ばそうと思ったり、スカートをはきたいときも「自分には似合わない」と思い込んで、ずっとショートカットと短パンやズボンで通しました。容姿に対するコンプレックスが、それまでに増して、誰にも負けない強い自分を誇示する原因になったと思います。また、二女は私と違って女の子らしく、かわいい顔をしていました。買ってもらう服も全く違います。私と二女に対する母の差別は漠然とは感じていましたが、このとき、はっきりと自覚しました。容姿に関する劣等感を妹にぶつけるようになり、いじめもエスカレートしていきました。

担任には問題児扱いされ、親も困りはてていました。父がいなくなってから、母に対する反抗もひどくなり、些細な喧嘩のたびに、物を投げたり、窓ガラスを割ったりするようになりました。派手に喧嘩をしたあと、よく母は泣いていました。そんな日は「泣きたいのは私だよ」と布団をかぶって泣いていました。安心できる場所はありませんでした。そんな自分も周りも大嫌いでした。父が買ってくれたCDを聴いて、月に一度帰ってくるのを心待ちにしていました。

④転校して優等生へ（小学校四年）

小四のときの転校をきっかけに、さすがにこのままではいけないと思ったし、誰にも好かれない自分はもういやだったので、それまでとは全く逆の行動を、家でも学校でも取るようになりました。髪も伸ばして、服装も大人っぽいものを着るようになりました。すると、面白いように評価は上がり、いつのまにか優等生になっていました。親もそれまでの私をすっかり忘れたかのように安心したようでした。こんな風に周りから認められるのは初めての経験だったので、すっかり有頂天になり、もっと評価を上げるため、巧妙な嘘をつくようになりました。もともと無理して強がっていた自分に、さらに無理をして築いた嘘の自分です。ちょっとした嘘くらい簡単なものでした。罪悪感は不思議なくらい全くありませんでした。そのなかでも一番記憶に残っているのが、学校の周辺に変質者が出ると注意を受けた時期に、私も遭ったと言って、架空の変質者騒ぎを起こしたことです。親も先生も心配し、声をかけられても落ち着いて行動し、ついて行かなかった私は素晴らしいと誉められました。今思うと、ぞっとしますが、全能感に酔っていました。すっかり「良い子」を演じるのに慣れていき、それが本当の自分であるかのように錯覚していました。「世の中、ちょろいもんだ」と思いつつも、常に張り詰めた緊張感がありました。

あいかわらず親友はいませんでした。優等生は人に頼らず、いつでもしっかりしていなくてはいけないのです。根本的に自分は誰にもわかってもらえないという思いは変わらず残っていたのでしょうか。クラスには私のことをよく思っていない人もいましたが、どうせ、私を妬んでのことだろうと、優越感にひたっていました。そんな感じでしたから、当然友だち関係は希薄で、適当に距離を置いてうまくやっていたように思います。

⑤クラスのみんなから無視される（小学校六年）

卒業式を目前に控え、クラス全員に無視されてしまいます。内心、動揺しましたが「こいつらに頭下げる理由なんてない」と言い聞かせ、平静を装っていました。そんな私を見て、そのときの担任が「これからの君を思うと、とても心配になる。今度ゆっくり話をしないか」と言いました。心臓をぎゅっとつかまれたような気分でした。絶対触れられたくない、触れてはいけないところに、いきなり踏み込まれた気分でした。無視されていることよりも、「この先生には見透かされている」という焦りのようなものを感じ、その場から逃げたくなりました。無視される原因を省みることは負けであり、また、自分の本性を知ることが怖かったのだと思います。

⑥中学校入学

中学校に入学し、私の優等生ぶりは完璧はものになりました。勉強も部活も真面目にやり、学年委員長も努め、感想文や弁論大会では決まって代表になり、表彰されていました。いつでも冷静で落ち着いていた私は、周囲の人望も厚く、「しっかり者」というイメージが定着していましたが、何をするにも、教師の評価を基準に置いて、自分がしたいことよりも、望まれることを意識して行動していました。

例えば、弁論大会では、別に感銘を受けた本でもないのに、「こんなことを書けば、うけるだろう」という気持ちで、望まれる中学生らしさと純粋な正義感を意識して書いたものが学校代表に選ばれたりしました。友だちとも、本気でつき合うこともなく、表面的な関係でした。反感を買われないように、かといって冷たいと思われないように気をつかっていました。「気をつかってやった」という表現のほうが合っていたかもしれません。すべてが順調のように見えましたが、どこか満たされない思いがありました。心から喜んだり泣いたりした思い出はありません。こんな人間関係だったので、吹奏楽とエレクトーンにのめり込んで充実感を求めていました。人を相手としない音楽への傾倒には、幼い頃、唯一の安息だった、父が買ってくれたCDを聴くことと、誕生日に買ってもらったエレクトーンが背後にある気がします。

⑦三か月間の不登校（中学校二年）

中二の夏頃から、眠れない日が続くようになりました。夜になると体は疲れて眠いはずなのに、「寝なきゃだめだ」と思うほど、精神はギラギラしていくのです。ほとんど一睡もできない日が、何日か続いて、体力的につらくなっていきました。周りに悟られまいとして、妙に元気に明るく振る舞い、疲れは倍増です。誰にも言えず、誰も気づかず、自分に何が起こっているのかわからない日々が一か月ほど続きました。食欲も落ちていったのですが、ある朝、ご飯を見ると、吐き気がして、食べられなくなってしまいました。食事もできなくなった自分が悲しくて、情けなくて仕方ありませんでした。不眠と拒食で体重も減っていき、さすがに親や教師、友だちも私の異変に気づきはじめ、「なんか淳子がおかしい」とうわさしているのがわかりました。この頃、全身が神経になったようで、空気も痛いという感覚をはっきり憶えています。私は決して助けを求めようとしませんでした。とにかくほっといてほしかった。腫れ物に触るように接してくることに我慢できなかった。「おまえたちに心配されるほど落ちぶれてなんかいない」と屈辱感に苛まれました。自分に対するプライドと、どんどんひどくなる症状の間でそんなことを思っていました。しかし、とうとう限界が来て、授業中に大泣きしたのです。ずっと張り詰めていた糸が切れてしまったのです。

この「大泣き」を境にして、学校に行けなくなりました。みんなに合わせる顔がないからではなく、放心状態になり、行くことはとうてい不可能でした。泣きも笑いもない、しゃべろうともしない、食事にも手をつけず、眠らない私に、母は「お母さんにどうしてほしいの？」と、嘆いていましたが、どうして母が困りはてて疲れているのが理解できませんでした。「今さら、何言ってんだ。おまえが苦しいんじゃないんだ」と、あかの他人につまらない同情をされているような気分でした。そんな風に思ったところで、強がる気力もなく、すべてがどうでもよくなっていた私は、布団の中で漠然と「死」というものを意識するようになりました。考えようとしたわけではなく、それはとても自然な流れでした。「このまま消えて無くなったらいいな」と常に考えていました。恐怖心はなく、一度、行動を移そうとしたのですが、どうしようもなく悲しい気持ちになり、帰って来た父に向かって「死んでもいい？」と聞いたのです。今思うと、これが最初の「助けて」というサインだったのかもしれません。

あくる日、母はあわてて、私を精神病院へ連れて行きました。小学校時代から友だち同士でばかにし合うとき、「おまえんとこには黄色い救急車がくるぞ」と言っていた黄色い救急車と、病室の窓にある鉄格子を見たときはショックと恐怖で膝が震えました。でも、逃げる気力もほとんどありませんでした。病院の先生に何を話していたのかあまり憶えていませんが、仕方なく「早く学校に行けるようになりたい」と言ったような気がします。先生は「ちょっと無理して頑張りすぎちゃったようだね。そんなに学校が心配なら、金曜日の午後だけ行きなさい。今、あなたに必要なのは休むことなんだよ。眠れなきゃ寝なきゃいいし、食べれなきゃ無理することないよ」と言われました。「無理しないで、休め」という言葉はとても新鮮で、週三回の通院も苦にならなくなりました。薬のおかげで眠れるようにもなり、「今までの私って何だったんだろう」と、こんなにも、もろく崩れてしまった今の自分を考えては、毎日泣いていました。このとき初めて、弱くて小さな自分と向かい合っていたのだと思います。夜は母に手を握ってもらい、泣くたびに抱きしめてもらいました。初めて感じる安心感でした。

また、学級日誌の今日の目標の欄に「淳子さんについて考える」と書いているのを見て、「ありがたい」と素直に思えるようになりました。周囲の支えを感じられるようになって、自分は一人ではないということを実感しました。通院回数も徐々に減っていきました。秋にある吹奏楽の県大会にはどうしても出たかったので、その旨を病院の先生に伝えると、「もう大丈夫ですね。あなたは貴重な経験をしました。無駄なことなんて何ひとつないんですよ」と、最後に言われました。

強いはずの自分は、結局のところ、人に頼りたい、自分を知ってほしい、本音で接したいという気持ちの反動であり、その欲求を作為的で完璧な優等生という歪められたかたちであらわしていたのです。でも、このときはそうするしかなかったのだと思います。中二の頃を思い出すたび、「人って弱いものだよなー」とつくづく思います。自分のなかにある認められない感情を正当化する技術に、いくら長けていても、いつか破綻するものなのです。この出来事は、のちの私に多大な影響を及ぼすことになりました。

⑧中学校三年、友だちと協力関係

中三になる頃には、ほぼ危機状態から復帰して、部活に勉強、学校行事と意欲的に取り組みました。それまでとの大きな違いは、どんな活動にも友だちとの協力関係があったことと、学校以外でも遊ぶようになったことでした。卒業式では心から泣けた気がします。

⑨高校入学、吹奏楽部へ

高校に入学し、迷わず吹奏楽部に入部しました。これまで、どんな状況にあっても、私を裏切ることなく、支えてくれた大切なものです。また、集団のなかの一人として、人を必要とし、認められることは、精神的に安定するし、楽しいものだと知ったので、部活漬けの日々もつらくは感じませんでした。大人数だったこともあり、折り合いがつかないこともありましたが、良い演奏ができたときの感動と達成感の共有は、信頼関係を深め、衝突しても分かり合えるという絆も育ちました。このときの、ひとつの目標に向かって、みんなで何かを創り上げていった経験は、今の生活にとても役立っています。つらくて辞めたくなったことも多々ありましたが、続けて本当によかったです。部活抜きでも個人的につき合える友だち、親友と呼べる友だちは一人でした。その人とそのような関係になれたのは、私が部長になり、顧問と部員との間で板ばさみになって悩んでいたときに、「なんでいつも一人でやろうとするの。無理してしっかりしようとするの。本当に平気なのかもしれないけど、もっと頼ってよ」と言われました。信頼できる大好きな人に囲まれながらも、私の昔から弱音を吐けない性格は無意識に残っていたのです。人は一人では生きていけないことは解ったつもりだったのに、まさにその点を指摘され、はっとしました。自分から心を開くことの難しさを改めて感じました。

高校時代、もうひとつ重要だったものは恋愛です。A君とは学校は別で、一年生のとき、彼の演奏会で知り合いになりました。好きな音楽の話をするうちに仲よくなり、つき合うようになりました。楽器も上手で、年上だったA君に憧れていたので、隣を歩くのにふさわしくなるよう努力しました。A君の好きな髪型はショートだったので、髪を切り、あんまり女の子らしい服装は苦手だと聞けば、ジーパンにスニーカーを好んではくようになり、A君の好きな音楽の知識も磨きました。

つき合って間もなく「俺の前では、強がるなよ」と言われ、一気にA君に頼るようになりました。A君の前だけでは愚痴をこぼし、泣いたり、笑ったりと、他人には見せない姿を見せていました。学校は忙しかったのですが、家も近かったこともあり、ほぼ毎日会っていました。よく、彼を失ったときのことを話し、その不安を彼にぶつけて、泣くということをしていました。お互いに「離れられない」という気持ちを確認したかったのです。他人には決して見せない感情をストレートに出し合い、誰にも邪魔されることを嫌い、喜びも悲しみも、共有していたように思います。二人で一つという関係でした。また、独占欲はお互いに強かったのですが、つき合ったのは彼が初めてだというのに、彼は、異性同性にかかわらず、私が過去に仲がよかった人に嫉妬したりしました。その嫉妬は私にとっては最高の愛情表現のひとつでした。しかし、二年の後半になって、大学受験を控えた彼は理由も説明せずに、私と距離を置くようになりました。どんどん会ってくれないようになり、私は泣いて、怒って、「どうして?」と詰め寄りましたが、彼は「仕方ないんだ。もう、だめなんだよ」と曖昧な返答しかしませんでした。拒絶された自分を省みることは一切しないで、裏切られた絶望感と、また一人になってしまう不安に苛まれ、彼を憎むようになりました。現実から逃げる道を選択しました。すべてを彼のせいにしました。こんな風になった原因を考える余裕はありませんでした。結局、彼の大学進学とともに自然消滅というかたちになりました。それ以来彼には会っていませんが、今思うと、私が好きだったのは、彼自身ではなくて、私を好きな彼であり、依存し合っていた関係だったのかと思います。彼は、そんな関係に、はたと立ち止まって疑問を感じたのかもしれません。疑問を感じた瞬間に、私の気持ちは重荷になったのでしょうか。しかし、その関係を本物と信じて疑わなかった私には、何も言えなかったのかもしれません。

このA君と別れてから、「私には友だちと音楽がある」と、それまで以上に部活に打ちこみ、友だちと、激しく遊ぶようになりました。周りの友だちは彼氏と別れると、また次の男の子を探していましたが、彼氏がほしいとは思いませんでした。性格が同じような友だちとつるんで、今思うと、よく外を歩けたなーと思うような個性的な服を着て街へ繰り出していました。男の子受けはかなり悪い集団だったと思います。いつまでもめそめそと引きずっているのはかっこう悪いし、「今が楽しければいい」というようなグループでした。そんな仲間でバカ騒ぎしながらも、心の隅で、A君が大学で楽しくやっていることを考えると、「私だって、こんなに充実してる」と強く確認したかったし、A君がいなくても、一人ぼっちではない証が常にほしかったのです。幸いにも、遊ぶのは楽しかったし、部活は本当にやりがいがあって、親友もできたので、高校時代は今までで一番幸せだったと思います。

受験勉強に本腰を入れ始めたのは秋からで、無理と言われた本命の国立大学をひとつしか受けずに、案の定失敗しました。一浪することは覚悟の上だったので、さほどショックは受けませんでした。

⑩浪人して予備校へ

浪人生活は、予備校と家の往復の日々で、ただ決められたことをこなす単調な毎日でした。一年という期限付きだったので、楽しくはありませんでしたが、あまり悩むことなく過ごしていたように思います。

⑪大学入学

センター試験に失敗して、結局第二志望の大学に入学することになりました。入学当初、周りが友だち作りに一生懸命になっているのを見ながら、その機会を逃し、一年間は一人暮らしの自由さを満喫すべく、趣味に没頭します。十年間続けた吹奏楽は自分のなかで「とことんやったから、他のことを始めよう」と思い、部活は運動部にマネージャーとして所属しました。活動が盛んで、ある程度厳しい部活に所属することで、得られるものの大きさを知っていたので、自由な雰囲気のサークルには興味がありませんでした。ここでの四年間で、成人として必要な責任感や、周囲とうまくやりながら自己主張する能力、そして、よい仲間を得ることができたと思います。勉強や個人的な人間関係のなかでは学べない要素がたくさんありました。

プライベートのほうでは、入学して間もなく、ひとつ上の先輩とつき合いましたが、三か月で別れてしまいます。この人に「俺、彼女のことは優先順位は最後だから」と「デブは嫌いだから、太るなよ」と言われ、窮屈さを憶えながら、強がってつき合っていましたが、結局何も分り合えないまま、あっけなく別れてしまいました。

⑫恋愛・友人関係で悩む

「別に、一人でも平気」と自分に言い聞かせながらも、その反動で、バイトと遊びに熱中します。その無理がたたって二年生の夏頃に体調を崩してしまいます。このとき「近くに頼れる友だちがほしい」と切実に思いましたが、クラスなんてあってないようなもので、時すでに遅しと諦めていました。こんなにたくさんの人がいて、みんな楽しそうなのに、自分だけ一人のような気がして孤独感をおぼえました。そんなとき、講義も休みがちだった私を心配して、あるクラスメイトが声をかけてくれました。ノートを貸してくれたりするうちに仲よくなり、挨拶だけの知り合いしかいなかった私に、初めて友だちができました。「ずっと近寄り難くって、声をかけられなかった。一人が好きな人なのかと思ってた」と言われ、そんなことを意識していたつもりはなかったので、あいかわらず自分から心を開くことの苦手な自分を再認識しました。この友だちのおかげで、何でも率直に言ってくれる親しい友人ができ、今でも私の支えとなっています。自分を受け入れてもらうためには、自分に素直になって、自分を知り、それを相手に伝えなければなりません。一人は楽だという思い込みは、単なる逃げであると自覚します。

⑬彼氏もできて安定した大学生活

二年生の後半から一年ほど、三つ年上の人とつき合いましたが、結局彼の就職と同時に別れてしまいます。今度こそ素直になるように心がけましたが、それが逆に重荷になったようです。素直と言っても、かっこう悪いところは見せられないという思いが常にあったので、素直さを演じていた部分がありました。私から別れを告げ、その後、彼のほうからやり直したいと言われましたが、もう疲れて、気持ちは離れていたし、進路のことで頭が一杯だったので応じることはできませんでした。

⑭将来への不安と希望

四年生になり、一年生の頃つき合った彼とまたつき合うことになりましたが、就職活動と部活の両立という忙しさを理由に、恋愛は後回しにするようになってしまいました。彼には最近振られてしまいましたが、どこかホッとしています。この大学四年間、自分のやりたいことや友人関係は充実していましたが、恋愛に関しては、どこか逃げ腰で、のめり込まないようにしていました。喧嘩らしい喧嘩も一度もした記憶がありません。相手も私も、思う存分自分をさらけ出して、衝突し、壁を乗り越えて絆を深めるような恋愛に憧れます。「好きだ」という感情に身を任せて、つらい想いをしながらも、必死で恋愛をしているような人を見ると、羨ましいと思います。そんな恋愛を求めているつもりはないのですが、こんな思いの根底には、高校時代の恋愛をクリアできていないせいもあるのでしょうか。恋愛で傷つくことがとても怖いです。そんな気持ちと、私の性格がブレーキになっています。

将来のことを考えると、仕事のことに関しては、妥協せず、努力を惜しまず、道を切り開き進んで行こうと思います。失敗も怖くはありません。しかし、恋愛となると、急に自信がなくなります。自信なんて最初からなくてもよいものなのかもしれませんが……。人は結局のところ一人ですが、私自身、揺るぎない支えを求めています。

＊　＊　＊

以上の七人は、どこかふっきれた顔で自分のライフラインを提出してくれました。それはなぜなのでしょう。

楽しかったこと、悲しかったこと、つらかったこと、いろいろあったけれど、結局そのなかでの精一杯の自分を発見したからかもしれません。「それでいいんだ」「これでもいいんだ」「自分なりにやれたんだ」という、あるがままの自分を受け入れることができたからかもしれません。そして、自分の生き方を自己評価できるようになっていたのでしょう。

自分がぐらつく三大要因は、①人と比べる（人の基準で自分を評価する）、②人に依存する、③完全を求める、です。

彼らはライフラインを通して、自分を救えるのは自分だけであり、自分なりにベストを尽くせることが一番いいと自己評価できている自分に気づけたのでしょう。

第3章

自分を理解するためのヒント

第2章では、七人のライフラインをみてきました。それぞれがそれぞれの人生を送ってきたことが、痛いほどわかります。しかし、それぞれは別なようで、実はそこには、彼らの行動や態度、こだわっているもの、求めるものの内容などに、いくつかの規則性があることに気がつきます。例えば、次の五つです。

①人は子どもの頃、家族のなかで身につけた行動や態度を繰り返す。人生の節目ごとに抱いた感情が、あとまで尾を引く。
②親との関係が、人のその後の行動や態度に決定的な影響を与えている。
③人が心から求める内容が、状況によって異なっている。
④同じような状況になっても、人によってとる行動や態度はさまざまだが、多くの人がその人特有のパターンをもっている。
⑤自分を見失ったとき、それに対処する行動や態度も、その人特有のパターンがある。

本章では、これら五つのことを整理し、理解するために必要な、心理学の基本的な知識を紹介します。これを理解したうえで、彼らのライフラインをもう一度読み直してみると、新たな気づきが生まれることでしょう。そして、自分を見つめるうえで、いくつかの考え方を身につけることができると思います。難しい点は、紹介する五つの内容は、実は複雑に影響しあっているということです。

ただ、自分がどんなことに傷つきやすく、どんな思い込みで傷つくのか、気づくことができるでしょう。そして、その要因はたくさんあるのではなく、実は一人の人間の傷つきやすい要因は多くても二つか三つなのです。それをつきとめることが、漠然とした不安やむなしさに自ら対応するきっかけになるのです。

第1節　人が成長していくうえで出会う壁
——育つ過程で生まれた傷つきやすさ

人が心理的に成長するためには、いくつかの壁を乗り越えていくことが必要です。以下に代表的な六つの壁になることを説明します。ある特定の時期に、その壁を乗り越えることで、人は自分というものを確立できると言われています。逆に、その壁を乗り越えていないとき、その影響がその人にいろいろな形で現れてきます。

1　誕生から二歳くらいまで

母親（母替わりの人でもいい）に安心して頼り、評価されることなしに十分受けいれられる体験を通して、人や社会（外の環境）に対して、基本的な信頼感を形成するという壁があります。子どもの欲求にタイムリーに応えられる感受性のある母親、常に柔和にほほ笑みかけたり、話しかける情緒の安定した母親が必要なのです。

逆に、おむつが濡れて泣いても対応してくれず、そのうち泣きつかれて眠ってしまったというような状態で育った子どもは、外の環境は自分に好意的であるという基本的信頼感が得られず、成長しても人を信じられないばかりか、自分も信じられなくなることがあります。

2　三歳から四歳くらいまで

親からのしつけを受け入れ、自分の欲求を自らコントロールするやり方を身につけます。排便のルールなどの自立していく技術を身につけるという壁です。親のしつけの通り行動し、ほめられるという形を通して、しつけの内容自体を素直に心に刻んでいくのです。

この頃の親のしつけが足りなかったり、逆に厳しすぎた場合、人は成長しても、親や目上の人の話を素直に聞けなかったり、逆に、妙にいい子に従順になろうとすることがあります。この時期の壁の内容は、基本的信頼感の形成の有無にも強い影響を受けます。十分に基本的信頼感が育っている場合と、そうではない場合です。このような両者が、同じようなしつけをされた場合でも、前者はその子にとってバランスがいい状態になり、後者の子には厳しすぎると感じられることになるでしょう。

3　五歳から小学校に入学するまで

親のしつけと自分のやりたいことのバランスをとりながら、自分なりに行動できるようになるという壁があります。第一反抗期と言われるように、親に叱られながらもいろいろと自ら行動するのです。そして、親のしつけと自分の欲求のバランスの取り方を、徐々に身につけていくのです。

親のしつけと自分の欲求のバランスがうまく取れないで、親のしつけの比重が大きい場合、自発性が少なく大人の顔色を伺うようになることがあります。自分の子どものことで相談に来る親御さんの多くが、「この子は反抗期もなくいい子だったのに、高校生になってなぜ急にこんなになってしまったのか」と訴えます。今まで親に押さえ込まれていたものが、一気に爆発した結果でしょう。この場合、その学生には、そうすることが必要だったのだと思います。親から独立した自分というものを確かめようとする、未熟ながらも自発的な行動だからです。こういう葛藤も少なく、淡々と月日を過ごしてしまった人のほうが、私にとっては心配です。

逆に自分のやりたいことの比重が大きいと、わがままな自己中心的な性格が残ることがあります。

以上の1から3までのことは、多くの学生はあまり記憶に残っていないかもしれません。しかし、多くの人のライフラインを見ていくと、現在の自分のくせや行動パターンに、この時期の影響を受けていることが少なくないのです。

4　小学校入学から四年生くらいまで

自分の知りたい・やってみたいという知的好奇心と教師や親の期待する学習のバランスがとれることによって、自分は自分なりにやっていける力があるという自分に対する自信や、学ぶことは楽しいという勤勉性や意欲が生まれてきます。

逆に、そのバランスが悪いと、親や教師に勉強をやらされているという義務感と苦痛しかもてず、主体性が低下します。そして、成績が悪いと自分は能力がないと劣等感をもったり、他人より高い評価を得た場合は、自分は他人よりすごいんだという優越感をもつようになります。つまり、この壁を乗り越えた人は自分で自分に自信をもつのに対して、そうでない人は常に他者との比較を通して自分の価値を確認するようになるのです。競争意識の強い、負けん気の強い子というイメージです。

5　小学校高学年から中学生くらいまで

この時期は思春期といわれ、心身ともに大きく成長する時期です。心の面では、自分のなかに「もう一人の自分」が生まれ、自分を観察するようになります。小学校四年生くらいまでの時点で、自分に対する自信や勤勉性を身につけた子どもは、対人関係の形成や集団活動への参加が積極的になり、そのなかで、自分と他者を比較しながら、自分が理想とする人（例えば、親や教師、友だちなど）を見つけ、その人の行動や態度、考え方をどんどん自分に取り入れていき、自分を形作っていくのです。

逆のタイプの子どもは、理想の人から認められようと、その人の好む役割を演じたり、他人の評価をますます気にするようになっていきます。その結果、自分というものがどんどん意識できなくなって、自分は周りの環境にただあわせて存在するだけの、透明な存在のように思えてくるのです。

6　高校生から大学生まで

幅広い対人関係やいろいろな活動への自主的な取り組みなどを、小学校高学年から中学生の時期に意欲的に進めていくと、何か自分のやりたいこと、このように生きたいなという方向がおぼろげながらに見えてきます。それに向かって積極的に取り組むうちに、自分なりの手応えを得て、自分というもの、自分の生き方、大事にしたいこと（価値観）が形成されていきます。そして、その価値観と自分の本音の感情、社会的に期待されることのバランスを上手に取りながら、自分らしく生きていくことができるようになるのです。生活するうえでさまざまな悩みは当然ありますが、それに立ち向かい、自ら新たな展開を切りひらいていく意欲が備わってきます。自分が自分の人生の主役であり、そういう生活をより充実させるために意欲的に活動するようになるのです。自分の価値観もこれしかないという固定的なものではなく、自分にとって大事な部分は譲れないが、些細なことは環境に合わせて柔軟に対応できるようになるので、生きづらさが少なくなります。

逆のタイプでは、他人の目がますます気になり、自分は何をしたいのかわからない状態になり、強い無気力感をもつことがあります。また、本当の自分に自信がもてず、他人にすがったり、お金や高学歴、社会的地位や名声を手に入れることで、自分を確認しようとすることもあります。ただ、人間の欲求は常に高まっていきますから、ある程度のものを手にいれても、他人の評価をとても気にし、もっともっとと自分を追い立てることになります。したがって、いくら高い評価を得ても、「自分はこれでいいんだ」という思いが持てず、対象や課題に必死に取り組んでいるなかで、心にぽっかりとむなしい気分が漂ってくるのです。つまり、自分にとっての生きるうえでの意味、大事にしたいことを意識できていなければ、自己評価ができないので、エンドレスになっていくのです。このような人が、現代社会ではとても多いのではないでしょうか。

また、別のタイプでは、自分の狭い視野での思い込みが強く、物事はこうでなければならないという一貫した態度や行動をとることがあります。一見、自分なりの価値観を確立した人のようですが、「自分というものを確立した人」の価値観とは大きく違います。その違いは、視野が狭いか広いか、断定的か柔軟性があるか、理想の自分だけを追及しているのか、等身大の自分を受け入れて形作られているのか、という違いです。その結果、このタイプの人は自己満足はあるのですが、周りの人とぎくしゃくとした関係になったり、浮いたような存在になることもあります。つまり、「自分はこれでいい、だが相手のことは関係ない」という人です。しかし、「自分というものを確立した人」は周りの人と前向きで友好的な対人関係をもつことができます。それは「私は私らしくていいし、あなたはあなたらしくていい」という、人と自分の違いや個性を尊重したうえで、相手とより仲よくなればハッピーだなという関係がもてるからです。そこには、相手の興味や評価を得なければ私はやっていけない、仲のよい友人や恋人がいなければ孤独に耐えられない、という自分自身に対する根本的な自信のなさがないからです。人の意見を聞いたら自分の考えがぐらつくので一切聞かないというような、視野の狭さがないからです。

人は前述の壁を一つひとつ越えながら、「自分というものを確立した人」、つまり自分らしく生きられるようになっていくのです。しかし、言うのは簡単ですが、実際に一つひとつの壁を乗り越えるのは簡単ではありません。六つのすべての壁を乗り越えている人がどれだけいるでしょうか。現代の日本で、私はその割合は少ないと思います。「では、あなたはどうなの？」と問われたら、私も答えに窮してしまいます。ただ、「自分の乗り越え切れていない壁を意識し、より自分らしく生きたいと、日々の生活を送っている」ということは断言できるでしょう。

六つの壁を乗り越えたかどうかは人と比べるものではなく、自分が自分のことを見つめるときに、指標として参考にすればいいのです。大事なことは、自分はどの壁を乗り越え切れていないかを理解することです。

そして、六つの壁を乗り越えきれていない人は、自分を責めてはいけません。そのときは、そうするしかなかったのですから。とくに、幼少期のことは、自分が選択してそうなったというよりも、親の力を受け入れ、合わせることでしか生きていかれなかったのですから。そのときは、現在の状態に至ることを想像することもできなかったのですから。

しかし、いつまでも「親のせいで私はこうなった」と言っていても、現在の生きづらさ、むなしさ、無気力感は変わりません。性格を一八〇度変えることもできません。私は○○という部分をもった人間です。それを意識したうえで、そういう自分が今まで生きてきたことを認めてあげて下さい。自分で受け入れてあげて下さい。○○には、不安感、劣等感、人間不信感、差別意識などが入ります。そして、ゆっくり自分を見つめ、これから自分の人生をどのように形作っていくのか考えましょう。「人は他人にうそをつくことはできる、しかし、自分にうそをつくことはできない」。この言葉は、人に見せる自分と本音の自分をうまく使い分けるテクニックがどんなに上達しても、そこには漠としたむなしさがあることを物語っています。教師の前、公の場で自分を取りつくろうことは誰でもあります。しかし、本来、私的な関係である親や友人に、必要以上にとりつくろい、本当の自分を見せられなくなっていたら、自分を見つめることが必要です。したがって、自分を見つめようと思ったときがスタートになるのです。

大事なことは、ほんの少し、見つめる勇気があるかどうかです。その勇気を実行に移す際のヒントになることが、次の三つです。

(1) 前の段階の壁を乗り越えていない場合は、次の段階の壁を乗り越えるのが困難になる（乗り越えていない壁は、心の奥に残る）

だいぶ年がたち、今さら幼少期のことなんてと、一笑に付す人が多いことでしょう。しかし、二十代になっても常に漠然とした孤独感や不安感をもっている、誰かに依存しないではいられないという人の背景には、乗り越えていない壁が心の片隅にひっかかっていることが多いのです。たとえば、友人たちとしっくりいかないと悩んでいる場合、友人たちとの対人関係のもち方をいろいろと考えてみますが、今一つ理解できないことがあります。そんなとき、「何か私の考え方や感じ方は、クラスの友人たちと異なる」という漠然とした違和感につきあたったら、乗り越えきれていない壁が、心の片隅に意識されない状態で沈んでいることがあります。それが、意識されない状態で、現在のその人の感情や行動をつき動かしているのです。このような場合、小手先の技術を工夫するよりも、自分の乗り越え切れていない壁を探すことが必要でしょう。

(2) 年がいくつだから、この段階までの壁を乗り越えていなければならない、ということはない

四十すぎになっても、親との関係を引きずっている人は少なくありません。ライフラインを見ていると、本人は意識していないかもしれませんが、幼少期の親との関係のとりかたを、十代、二十代、

三十代のいろいろな対人関係の場面で踏襲している人が多いのです。また、親の考え方を無意識・無批判的に取り入れて自分の考えとし、「こうしなければならないんだ」と強く自分に言い聞かせ、そのようにできない自分に悩み、生きにくくなっている人もいます。

乗り越えた壁の段階が進んでいるのが偉いのではなく、どの段階の壁に自分はひっかかっているのかを意識できることが大事なのです。意識できれば、それに注意して日々の生活を送りますから、他人のちょっとしたひとことに、自分という人間そのものが否定されたというような思い込みが少なくなり、大きな落ち込みが減ってくるのです。たとえば、「私は劣等感が強いから、他人の言ったことを過剰にマイナスにとらえる傾向がある」と意識できていれば、そのような場面で、感情的になり一気に落ち込むことに歯止めがかかります。あの人は私に何が言いたかったのか、あの人の評価は客観性があるのかどうかということを、考えることができるからです。そして、私はそれに対して、これからどのように対応すべきかという方針を、自分で選ぶことができるようになるからです。

(3) 過去の事実は変えられないが、過去の事実を捉える現在の自分の見方は変えられる

過去の事実は変えようがありません。しかし、過去の出来事から生じたマイナスの感情に強く影響されて、現在が生きにくいと感じているのなら、自分の乗り越え切れていない壁を見つけることでその事実を捉えている現在の自分の見方を修正することが必要です。それは過去の事実を忘れるという

ことではなく、そのつらい体験から自分は何を学ぶことができたのかと考えるような前向きに進む意欲が生まれてくる捉え方です。つらい体験をいつまでも直視せず、ただ忘れようとしていた場合、似たような場面に出会ったら、似たような結果に至ることが少なくないのです。また、そのような自分に対する自信のなさが、将来に対する不安になっていくのです。

コンピュータ関係の仕事についている二十代の女性が、ワークショップで次のようなことを言っていました。「学生時代、二回、大きな失恋をしました。そのとき、自分は人から好かれない人間なんだと絶望しました。そのときライフラインを書いていたらマイナスのどん底だったでしょうね。でも、八年経った今は、それほどマイナスが大きくないのです。失恋という経験があったから、今の私がいるんだなと思えるようになったのです。彼氏や友人にベタベタまとわりつく依存的な自分を、意識的に変えてみようと努力したのです。最初はつらかったですが、一人でもなんとかやっていけることがわかってきたら、急にふっきれました。今の自分が前よりも好きです」とのことです。失恋した事実は変わりません。しかし、その事実をとらえる現在の彼女の見方が変わったのでしょう。そこに至るには、ある程度の時間が必要だったと思います。ただ、時間がたち、そのときのつらい記憶が薄れてきたとき、その出来事が現在の自分にとってどのような意味があったのかを考えると、過去の自分を受け入れやすくなり、現在の自分がより好きになれると思います。

第2節　親からの影響
――親にすりこまれた傷つきやすい思い込み

現在、生きていくうえでつらさを感じている人のなかに、それは自分の性格なのだから仕方がないと、あきらめている人はいませんか。確かにもって生まれた性格もありますが、成長していく過程で、親から常日頃言われていたことを、知らないうちに身につけてしまったことも、とても多いのです。そして、親の言ったことが絶対正しい、そうしなければならないと無意識的に思っていることがあります。そのなかには、親が子に教えた大事なしつけもあることでしょう。

しかし、現在何か生きづらい状態に陥っている人、自分は性格が悪いからと悲観的に考えている人は、ぜひ、親から受けた影響を見つめ直し、必要な部分は修正したほうが、これから先、幸福になる可能性が高まると思います。

親はありがたいものですが、神様ではありません。一人の人間です。したがって、そこには必ずその人の考え方や行動の偏りがあります。そして残念ながら、子どもはえてして親の偏りをそのまま身につけてしまうのです。また、親の偏りから身を守るため、偏った考え方や行動の仕方を身につけてしまうのです。そうやって身につけた自分の偏りが、対人関係や、物事への取り組む姿勢に、マイナスの影響を与えてしまうのです。

大事なことは、親を非難することではないのです。自分の親も、そのまた親の影響を受けて、無意識的にそうなっているのです。ただ、そのことに気がついていないのです。家庭内暴力で親を徹底的に殴る人がいます。それも親から自立するための一つの手段かもしれませんが、それでは親も子どもも不幸です。親に文句をいくら言っても、自分は何も変わらないのです。自分で変わるしかないのです。親の影響を受けた自分の偏りに気づき、偏らないように意識的に行動することで、徐々に自分らしさを育てていくことができるようになります。それが、真に親から自立することにつながるでしょう。

次に、子どもを偏らせる可能性の高い親のタイプと、その影響を受けた子どものタイプの代表例を紹介します。この場合、特に母親が重要ですから、母親の例を紹介します。

母親のタイプとしては、それがあなたのためよという、愛情のガウンをまとって、子どもを自分の思い通りに支配する母親です。ただし、本人もそれに気がついていないことが多いのです。それが、真にその子どものためだと信じているのです。なぜ、そうなのでしょう。実は母親自身が、自分の生き方に、どこかむなしさを抱いているのです。自分自身の生き方を確立できていない場合が多いのです。そういう自分を直視することなく、自分の子どもや夫の面倒を必要以上にみて、自分の思い通りにさせたり、支配することで、そのむなしさを紛らわしているのです。

１　過保護・過干渉な母親

●細かいところまで世話をやき、自分がいないと生きていけない人にする母親
●常に自分が正しいということを示す母親
●言うことを聞かないと、あなたを見捨てますよという態度や雰囲気を子どもに示し、子どもを自分から離れられないようにする母親

子どもの特徴

Ａ　他者に依存する
・強い依存心をもってしまう
・自分自身に自信がもてない

Ｂ　愛や関心を失うことに恐怖感をもつ
・周りから見て、いい人を演じてしまう
・いい人と周りから見られないと、自分の存在感を失ってしまう

・他人の顔色をとても気にする
・自分らしく生きるより、常に常識に沿って生きようとする
・いやなことでも、期待されるとうれしくて断れない
・自分の思い通りになる人を、自分にしがみつかせようとする

C　自分の世界にひたる
・無気力になり、外に対して自ら働きかけることをしなくなるが、心の中では完璧な自分を夢みている
・現実感に乏しく、透明な自分を感じている
・友人たちの感情が盛り上がるような場面で、身をひいてしまう

2　自立していない母親

●権威的な父親にとても従順で、子どもたちに人間としての自分の考えを示さない母親
●娘や息子が小さいときから、自分の愚痴やつらさをこぼし、子どもから慰めてもらおうとする母親
●父親と別れないのはあなたがいるからですよという具合に、子どもに恩をきせる母親

子どもの特徴

A　長女や長男という、兄弟の中心的な役割をとる子どもに多い

・自分がいないと自分の家庭がダメになるとばかりに、子どもが親の役割まで責任を感じ、ものすごい責任感をもってしまう
・何事をするのでも仕切り屋になってしまう
・人につくしたり、世話をやくことのみに喜びを感じてしまう
・何でも自分の思い通りにしようとして、チームプレイができない
・周りの人から自己中心的と思われてしまう

こういうタイプの人が恋愛するときは、自分より年下というように、その人よりも自分が上という優越感をもてる相手を選ぶ場合が圧倒的に多いのです。

そして、実はその相手も、強い依存心をもつという、親からの偏った影響を受けている人が多いのです。または全く逆で、完全に依存できる父や母がわりの、かなり年上の人を相手に選ぶ場合もあります。

B　次男や次女的な役割をとる子どもに多い
・自分は母親の期待に応えられないダメな人間なんだと思い、自分を責めたり、非行に走る
・期待には応えられないが、母親から嫌われないようにピエロを演じる
・自然と道化の役をとってしまい、相手が笑っていないと不安になる

子どもは親がいなければ生きていけません。とくに幼少期はそうです。したがって、この時期は、自分の親がどんなに偏っていようとも、それにうまく合わせようと涙ぐましい努力をするのです。その方法を磨くのです。その結果、知らないうちに親の偏りが、子どもの心の中に新たな偏りとして根づいてしまうのです。

親は子どもに期待するのは当然です。しかし、子どもが自分らしく生きられない、自立できないと思うとしたら、それは愛情というガウンをまとった支配なのかもしれません。そこで子どもはとても悩むのです。いろいろな行動で突破口を探すのです。しかし、そのことに悩まないで成長したとしたら、その子どもは自分が親となったとき、自分の親と同じように、子どもを愛情というガウンをまとって支配するようになるのです。

第3節　積み上がる人の欲求
——欲求の次元にひそむ傷つきやすさ

私は気の許せる仲間集団がないととても不安である、友だちから常に認められていないと寂しい、彼氏に自分を愛しているのかと何回もしつこく確かめてしまう。このような人はいませんか。所属したい、認められたいという意識が強く、自分らしく生きることよりそちらを優先してしまう人です。

心理学者マスローは、人間の欲求が徐々に積み上がっていくことを指摘しています。

まずは、安全に生きる、食べることに満足したいという欲求（基本的欲求）です。戦中や終戦直後の日本では、多くの人がこの基本的欲求を満たすことが大問題だったのです。空襲の心配をせずに眠り、白いお米を食べることが大きな喜びだったのです。現代の日本では考えられませんが、世界を見渡せば、戦争や飢餓に苦しんでいる人びとはたくさんいます。日本には、「衣食住事足りて、礼節を知る」という諺があります。つまり、基本的欲求が満たされていなければ、対人関係のマナーや礼儀、社会的な道徳心を考えるゆとりはないということです。

基本的欲求が十分に満たされると、人は次に、家族や学級、職場、サークルなどの集団に所属したいという欲求（所属欲求）が生まれます。ふれあいのある集団に所属することは、心が安定し、生きる意欲がわいてくるものです。ここでいう集団は、単なる義務的に所属させられている集団ではないのです。あくまでも自分が所属したいと感じる、安心したり、ホッとできる、自分の居場所となる集団です。例えば、高校の学級集団でも、Aさんは自分の学級を居場所となる集団であると捉えている場合もあれば、Bさんは義務的に所属しているのにすぎないと感じる場合もあるのです。大事なことは、自分がその集団をどういうふうに感じるかということです。

所属欲求が十分満たされると、人は次に、その集団に所属する人びとに自分の存在を認められたいという欲求（承認欲求）が生まれます。所属する集団が好きだからこそ、その集団の活動に自分が貢献していることがうれしく、その取り組みを他の人たちから認めてほしいと思うのです。そして、認められればますます所属する集団内で意欲的に活動し、大きな満足感が得られるのです。逆に、最初は居場所となる集団だと思っていたのに、集団内の人びとから認めてもらうことが少ないと、自分は集団にとって価値が少ないのだと感じ、次第にその集団が居心地の悪いものになってしまい、疎外感が生まれます。こういう場合、自分の意志で変わることができる集団、例えばサークルやクラブなどでしたら、集団に所属することをやめて新たに所属欲求が満たされる集団を探そうとします。

承認欲求が十分満たされると、人は最後に、他人の評価を超越して、自分の価値観にそうことを、目先の利害を度外視してやりたい、そういうことをして生きていきたいという、自己実現の欲求をもつようになるのです。第1節で説明した、発達していくうえでの壁と重なりあう部分がとても多いと思います。

現在の若い世代の人びとは、所属欲求や承認欲求の世界で、ぐるぐるまわっており、疲れてしまっているのかもしれません。物質や経済的なものだけではない、心の底からの所属欲求や承認欲求が満たされることが必要なのです。自分の真の欲求を物質や経済的なもので紛らわせるのではなく、自分が現在どの欲求段階にいるのかを、自分なりに理解し、それを十分満たす形で行動すれば、徐々に自分のやりたいことがみえてくると思います。

第４節　その人特有の行動の仕方
——行動パターンのなかにある傷つきやすさ

私は性格診断やそれによる相性占いというものは、あまり好きではありません。それは、あなたはそういう性格だと決めつけられたら、変えようがないではないですか。確かに、性格には遺伝の影響もあります。と同時に、育った環境の影響もあり、両者が複雑に影響しあっているのです。遺伝の内容は自分の意志では変えることができませんが、環境ならば、これからでも自分の意志で変えていくことも可能です。したがって、私は変わらないものをぐちぐち悩むより、変わるほうに働きかけて、今より充実した、自分らしい生活をしたいと考えています。そのためには、自分を生きづらくしている自分特有の行動パターンを見つけ、それを意識して行動することによって、生活を充実させればよいと思うのです。

このパターンは、対人関係のとり方や、つらいことや悲しいことを乗り越えるその人なりのパターンです。人は多かれ少なかれ、これらのパターンをとっています。ただ、人によって選択するパターンは意外に同じようなものが多いのです。現在、生きづらいと感じている人は、自分のパターンを知り、そのパターンをより楽しい生活が送れるようなパターンに、変えようと行動してみてください。最初はすごく不安ですが、しばらく意識して行動しているうちに、徐々にあなたのなかに定着してくると思います。

次に、第2節と重ならない例を紹介します。

(1) 失敗する恐れがあるとき、もっともな理由をつけて、取り組むこと自体をさける

A君たちのグループの仲間に入りたい、彼女を映画に誘いたいなどの欲求は、人間の素直な欲求です。しかしこれをためらい、行動に移せず、そのことが後々まで後悔として残るのだけれども、結局いつも同じパターンを繰り返している人がいます。自分に自信がもてず、行動がどんどん消極的になってしまいます。A君たちは同じ中学校出身のグループだから自分は入れない、彼女はサークルで忙しいから誘ったら悪いという具合に、自分の素直な欲求や思いに対して、自分で理屈をつけて断念させてしまうのです。周りの人は、最初は遠慮深さと感じてくれるかもしれませんが、次第に何もしない相手をみておもしろくなくなって、離れていってしまうことが多いのです。

(2)　失敗にもっともな理屈をつけて、自分を正当化する

入試に失敗したのは、当日風邪気味だったからさと、自分ではどうしようもないことに失敗の原因を求める傾向です。とくに、失敗の原因を他の人のせいにする人もいます。周りの人から見て、言いわけがましく、責任感がないと受け取られてしまい、徐々にグループから浮いてしまいます。

(3)　本音の感情と反対のことを言ったり行動したりしてしまう

弱い犬ほどよく吠えるというやつです。本当は小心者なのに、それを知られたくなくて、豪傑のようにふるまったり、本当はケチなのに、人前では妙に気前のよいところを見せてしまったりするのです。しかし、周りの人からみると、その行動や態度がオーバーで不自然に見えるため、かえって不信感をもたれてしまうのです。

(4)　被害者意識が強く、相手が自分を嫌っていると思ってしまう

相手が自分を嫌っているから、だんだん私も相手が嫌いになったのと、よく言う人がいます。このような人の場合、相手が自分を嫌っているかどうか、相手に確かめる行動はせず、自分だけでそう感じていることがとても多いのです。では、なぜそう感じてしまうのでしょうか。それは自分が相手を憎んでいるという感情を、自分で認められないからです。憎しみや攻撃性を自分がもっていると思い

たくないから、相手がもっていると思い込んで、自分を安定させているのです。周りの人は、勝手に周りの人を加害者にして、自分があたかも被害者で同情されるべき存在なのという態度に、あきれてしまうことが多いのです。また、まったく逆に、自分が相手のことを好きなのに、相手が自分のことを好きだと錯覚してしまうパターンもあります。ストーカーはこのタイプが多いと思います。

(5) 同世代の人たちよりも、子どもっぽい態度や行動をとってしまう

同じ世代のグループのなかで子どもっぽくふるまうメリットは、相手と競争関係にならない、対立しないですむということです。つまり、相手と正面からぶつからないように、自分が一段下がっているわけですから。また、相手からの援助も期待しやすいのです。このパターンをとる人は、依存心が強い人が多いのです。周りの人たちが大人ばかりだったらいいのですが、そうでないとバカにされ、徐々に相手にされなくなることがあります。

(6) 無難な生き方、人と同じような生き方を常に選んでしまう

価値観が多様化し、多くの選択肢のなかから特定のものを自己責任で選ぶということは、多くの葛藤や不安を生じさせます。究極的に考えると、特定のものを選択するということは、その他のものを捨てるということだからです。したがって、特定のものを選ぶ自分なりの基準が定まっていない場合、この選択はとても難しいのです。失敗も多くあるでしょう。進路選択や就職など、自分の生活を

左右する出来事の選択は、失敗したくはないですから、特に不安が強くなります。その不安に耐えられない場合、心の安定を得るために選択権を他者に委ねてしまうのです。⑵で説明した人も、このパターンをとり、人を責めることが少なくありません。もし失敗したときも、その他者の責任にして、自分を責める割合がとても少なく、心理的には楽だからです。

要因は同じですが別の形に現れるものとして、他の可能性をたくさん残した無難なものを選択する人もいます。有名企業を中心に、学歴ではなく個人の能力や適性で社員を採用するという機運が高まっているなか、親の立場では、とりあえず一定の学歴を自分の子どもに身につけさせるという考えが、まだまだ主流だと思います。それが、将来、子どもが何かになろうとしたとき、選択の幅が最も広がるだろうと考える親心だからです。それを受けて親の敷いた無難な道を歩んできた子どもは、いよいよ自分で選択しなければならないとき、広い選択肢のなかで、選択できなくなってしまうのです。今まで自分で選択する経験が少なかったため、選択するための基準が定まっていないからです。

似たようなことで、多数の人の選択をまねする場合もあります。みんながそうしているのだから、まず安心だろうという発想です。そのときどきの爆発的な流行も、この心理が背景にあるのかもしれません。また、洋服選びや、趣味のグッツ選びなどの選択に夢中になり、自分は何者なのか、自分はどういうふうに生きていくのかという本質的な問い、問いに対する自己選択をすることをさけている人もとても多いのです。特定のブランドにこだわっている、理想のプロポーションを作ることに熱中しているという生き方は、その人のポリシーの表れかもしれませんが、どこかで本質的な問いに対する自己選択の不安を、紛らわせているのかなと思います。ときどき面食らうファッションで大学にくる学生に、「なんでそういうファッションしているの」と聞いたところ、「自分らしさをだすために」「でも、もしかしたら、中身がないから、せめて外見だけでも格好をつけようとしているのかも」と答えたのを聞いて、前半の言葉の明るさと後半のトーンの落ちた言葉のギャップに、漠然とした不安を彼女も感じているのだなと思いました。

このパターンの人は、その場その場の楽しさの追及に熱心ですが、夜ふけまで遊んで一人でアパートに帰る道すがら、ふとむなしさを感じるのではないでしょうか。

(7) 不安や葛藤をともなう場面から逃げてしまう

居心地の悪いクラスや、責任が重い役割、入試などの人生を左右する出来事に、正面から向き合うことを恐れる人です。けんかや争いが周りにあると、すっと関わらないように逃げてしまうのも、程度は違いますが同じタイプです。基本的に自分自身に自信がもてない人が多く、対処法としては、最も未熟なものです。人と関わる舞台から降りてしまう、生の感情の交流をさけてしまうわけですから、人との関わりがなくなり、徐々に友人たちや社会から孤立してしまいます。

失敗やつらい体験にともなう悲しみや屈辱感、寂しさは誰もが感じる感情です。しかし、前述のタイプの人はそのような感情に陥ることを人並み以上に恐れるのです。それはなぜでしょうか。結局、自分自身に自信がもてないからだと思います。本音の自分ではダメだという意識をもっているのです。第1、2節で取り上げた内容が、背景にあると思います。これらのパターンを繰り返していると、新たなことにチャレジする意欲が低下し、また、失敗から学ぶことができなくなり、同じような場面に出会ったとき、前と同じ結果に至る可能性が高くなります。さらに、長期的なビジョンをもつことができず、常にその場の環境に強く左右されてしまうのです。

また、周りの人には、自分だってつらいときがあるのに、それをうまく逃げておいしいところだけを得ようとしているように見えてしまいます。その結果、友人が周りから減ってしまうのです。

このパターンをとる人は、あなたが立派にやってもやらなくても、あなたを受け入れてくれる人と一緒にいる時間を多くし、あなた自身が、成功しても失敗しても自分は自分でいいんだと、自分を受け入れられるようになることが大切です。その際に、結果に注目することよりも、これだけ頑張れたんだ、自分なりにやったんだという取り組みの内容を自分で評価する、人と比べるのではなくて前の自分と比べて考えることが大事になってきます。

第5節　自分を見失ったときに陥る危険なパターン

生きいくなかで、自分を見失うことがなかった人はいないでしょう。自分は何者なのかと悩まなかった人はいないでしょう。若者の最も大事なテーマは、自分探しをすること、自分が何者であるかを定めることなのです。しかし、自分探しはとてもつらく不安なことなのです。大人でも、同様です。会社の重役であるという自分像が退職で失われたときに、「ぬれ落ち葉」になってしまう人の話はよく聞きます。会社での自分がすべてだった人の悲劇です。したがって、そのつらさや不安な状態に耐え切れなくなって、自分探しを放棄して、とりあえず何かにすがって安定し、安心したいと思う人が少なくないのです。自分らしさよりも、心の安定を強く求めてしまうのです。代表的な例は次のようなものがあります。

(1) 社会的に好ましくない集団の一員になる

この場合の集団というのは、たとえば、非行集団や暴力集団などです。社会から望ましい形での評価が低いのなら、悪い人間でもなんでもよいから、完全に悪い人間でいるほうがいいと考えるのです。プラスでもマイナスでもいいから、絶対値を大きくしたいと思うのです。こういうタイプの人の口癖は、「中途半端はしたくない」「半端な人間にはなりたくない」などです。自分を確立できない不安から、どんなものでもいいから、とにかく何者かになろうというあがきなのかもしれません。

多くの若者が陥りやすい、一過性の選択である場合が多いのですが、そこから抜け出せない人も少なくありません。

(2) 特定の人や神にすべて依存する

ここでいう人や神は、自ら自分の生きる意味を考えることを停止させる、特定の生き方しか認めないような人や神です。この場合、特定の人や神をまず信じることから始まるのです。理屈ではないのです。特定の人や神を信じるということがスタートになるのです。そして、その人や神の教えた枠のなかで考え、行動するのです。確かに自分は何者かと悩む不安や葛藤はなくなり、心は大いに安定するでしょう。まさに、生まれたばかりの赤ん坊と偉大なる母との関係の再現です。教えの通り考え行動すれば、愛してくれるのですから。安心させてくれるのですから。

どういう形であれ、全面的に受容される存在がほしいと感じている現代人は、少なくないと思います。しかし、それではその人自身はどこにいってしまうのでしょうか。私はそこに強い寂しさを感じてしまいます。宗教を信仰するのは別に悪いことではないのです。ただ、その教える考え方や行動があまりにも特異的で、社会常識を逸脱していたり、社会と共存がはかれなかったり、その人の生き方の自己選択を疎外するものであった場合、私は危惧します。生きるということは、選択の連続です。したがって、自分が選択する自分なりの基準をもつということが、自分を確立していくことにつながると思います。その基準を特定の人や神に委ねてしまったら、結局その人は、自分の人生の主役にはなれないのではないでしょうか。

⑶ 自分の世界に閉じこもる

社会は不正が多い、汚れている、人は結局信じられない、世間は冷たいと感じて、自分が所属する社会に敵対したり、自ら社会との関わりを断つことで、自分の存在を確認している人もいます。前者の人は、革命的集団に所属したりして、反社会的活動をする場合もあります。暴力集団に所属する人にもこの傾向があります。そして後者の人は、自分の世界に一人閉じこもるようになりがちです。自分の部屋の一室が自分の世界になるのです。自分の世界では、自分が常に主役で、絶対的な力をもっており、人から攻撃されることもないので、とても安心で居心地がいいのです。そのなかで、アニメやゲームの世界に浸ったり、オカルトやポルノビデオを刺激剤として、生活していくことが多いのです。その度合いが進むと、どんどん社会から乖離してしまいます。社会性もどんどん低下し、ますます社会と関われないという悪循環を起こします。そして、ときどき垣間見る現実世界と自分の世界のギャップを感じると、その葛藤をなくすため、ますます自分の世界に入っていくのです。また、自分の世界を守るため、現実社会を攻撃する人も少数ですが存在します。通り魔殺人、無差別殺人の加害者にこのタイプの人がいるのです。彼らが逮捕されたとき、殺すのは誰でもよかった、社会に復讐したのだということをよく言います。このレベルになると尋常ではありませんが、そこまでいかなくても、同じような思いを抱いている人は少なくないと思います。心理学を教えていて、講義で取り上げてほしい領域を学生にアンケートすると、必ず犯罪心理学が入ってくるのも、その現れでしょう。

このタイプは自分の考えに凝り固まっているわけですが、自分を確立しているのではありません。常に、対抗すべき相手、たとえば社会、世間などが存在しなければ成立しないからです。

第2章で登場した人たちは、それぞれの考えをもち、行動して、現在の自分があるのだと思います。しかし、その背景にはこれまで説明した、五つの自分をとらえる視点のいくつかのポイントに対して、意識的・無意識的に選択をしてきた組み合わせの結果が、現在の彼・彼女たちの状態を形成している面も少なくないのです。

ライフラインを語ってくれた一人ひとりを、五つの自分をとらえる視点から分析し、整理することもできるでしょう。しかし、彼・彼女たちは自分でライフラインを書くことによって、すでにそれらを薄々にでも理解しているし、頭ではわかっているのではないでしょうか。また、人の人生をさもわかったかのように分析することは、本書のとるところではありません。それは、私にも、もしかしたら本人にも意識されていないような奥深いものを、見逃してしまうことにつながるかもしれないからです。したがって、彼・彼女らのライフラインに対する思いは、本書を読む方がたが、とりあえず感じて自分なりに理解してほしいと思います。正しい答えなどはないのですから。

そして、漠然ともっていた感情をどう意識のなかに整理するか、頭ではわかっていることを気持ちとしてどう自分を納得させるのかについて、読者の方が自ら問う際に、彼・彼女らのライフラインが参考になればと思います。

大事なことは、弱さをもたない人間はいないということです。そして、自分の弱さを見つけ、どううまくつきあっていくのかを工夫することが、自分を確立してより充実した生活を送ることにつながっていくと思います。

第4章
これからのライフラインを創造するために

ライフラインを書いていくと、自分のいやな面や弱さが見えてきて、自己嫌悪に陥る人がいます。その割合は多いと思います。しかし、それは当然です。なぜなら、今まで自分で無意識的にでも見ないようにしていた部分を、見つめることになるわけですから。

例えば、今まで健康だと思っていた人が、定期検診を受けたら病気が発見されたようなものです。病気が見つかるのが怖くて、定期検診をいっさい受けない人がいます。私の叔父がそうです。見たところすごく健康そうで、ここ数年風邪もひいていないそうです。「人間は一度は死ぬんだ」とうそぶいています。しかし、自分の体調をひそかに気にし、実は不安がっていることを、叔母が教えてくれました。もし、病気があったとして、それを知っているのと知らないのでは、どちらが幸せでしょうか。私は致命的で余命がとても短いのでしたら、知らされないでいるほうが残りの日々を楽しくすごせるという考えを否定しません。しかし、対応できる見込みがあるのでしたら、具体的に知って早期に対応したいと思います。

現在、ときどきむなしさを感じる、対人関係が今一つで疲れる、無気力感にさいなまれることがあるという人は、心の隅に閉じ込めたあなたの問題が、あなたの意識にメッセージを送っているのかもしれません。一応ふつうの日常生活は送れているのですから、致命的ではないでしょう。しかし、なんとなくそう感じるということは、それに対応しないことには、そういう思いを払拭することはできません。それとも、一生、心の隅に閉じ込めた自分の問題を、何かで紛らわしていくのでしょうか。紛らわすためには、問題以上の強い刺激が必要です。例えば、身近なものではお酒や仲間との馬鹿騒ぎなどです。しかし、徐々にその刺激には慣れてしまい、もっと強い刺激がないと自分のむなしさや孤独感は癒されないようになってくるのです。そして最終的に極端な例では、アルコールや薬物に依存する人もでてきます。ただ、最近はその割合が徐々に増加しているというデータが示されていることに、私は強い危惧を感じます。

心の隅に閉じ込めた自分の問題は、心の傷やしこりのようなものですから、完治してきれいになくなるということはありません。そして、心の傷やしこりは意識するしないにかかわらず、すべての人がもっているものです。ただ、それとうまくつきあうか、そうではないかの問題なのです。心の傷やしこりとうまくつきあうとは、心の傷が大きくならないように、強く痛まないように、痛みのために非建設的な行動をとって、日常生活に支障をきたさないように、現在の自分の考え方や行動を意識してコントロールすることです。うまくつきあっていくなかで、自分がより理解でき、対人関係にも余裕が生まれ、現在よりも自分らしく生きていけると思います。

第3章では心の傷やしこりの正体や、それにつき動かされ、生きづらさにつながっていくことについて説明しました。本章では、自分の心の傷やしこりとうまくつきあうヒントを説明したいと思います。

大事なことは、心の傷やしこりがある自分を責めないで、少しずつ取り組んでいくことです。「自分探し」と気負わずに、自分の手の届く日常範囲から、体を動かしながら取り組んでいくのです。

第1節　自分を受け入れる

1　過去と現在の自分を受け入れる

ライフラインには、過去のつらかったこと、悲しかったこと、苦しかったこと、いやな忘れてしまいたい自分も登場します。そういう出来事を見つめようとするとパニックのような興奮状態になり、自分を支えることができない人は、無理をしないでください。見つめることよりも、あなたには時間が必要なのです。急ぐ必要はありません。必要な時間は人によって違うのです。ただ、そういう出来事にぶつかっても、自分なりに生きている自分を、ほめてあげてください。現在、自分で納得できない状態や行動をしていても、そういう自分を許してあげて下さい。あなたには充電が必要なのです。今はまず、十分に充電する時期なのです。あなたを受け入れ、支える、カウンセラーの役割をしてくれる人が側にいると、かなりいいのですが。いない場合は、専門のカウンセラーに相談するのもいいでしょう。アメリカでは日本よりもっとカウンセラーが活用されています。つらい状態が一年以上も続く人、そのときの感情が尾をひいてひきこもりがちな人は、カウンセラーに相談するのも、選択肢のなかの大きな一つでしょう。

とても切ないながらも、自分を見つめることができた人は、まず自分を認めて下さい。「これとこれができた」とほめるだけではなく、「これでも精一杯だったんだ」とひとまず受け入れてほしいのです。後悔はあるでしょう。あのとき、こうしていたらという後悔の念は、誰にでもあるものです。でも、そのときはそれが精一杯だったのです。現在のあなたは、あなたが生きてきた歴史から切り取られて、今ここに存在しているのではないのです。長い年月をかけ、いろいろな経験（そのなかには多くの失敗もあります）から形作られた結果として、今ここに生きているのですから。自分の生きてきた歴史に、無駄などないのです。生きていくというのは、それだけで勇気のいることです。あなたの生きてきた歴史のなかには、あなたにとっての価値が必ずあります。自分の価値を見つけ、信じてほしいのです。つらい経験があった人は、現在こうして存在していることの価値を、力があることを認めてほしいのです。

2　自分の未来を自ら創造する力があることを信じる

自分の過去や現在を認められた人、そこに自らの力を認められた人は、自ら自分の未来を切りひらくことができるのです。現在まで体験した事実は変わりません。挫折や失恋、肉親や友人との別離などは、思い出してもつらい感情で一杯になりますが、それでも生きてこれたという事実は、自分の未来を自ら創造する力があることの証明です。その力があることを信じて下さい。

自分に力があることを信じるためには、少なくとも次の考え方を捨てて下さい。なぜなら、これらの考え方には論理性や事実に乏しく、自分を不幸に導く考え方だからです。絶望的なこと、悲観的なことばかりを常に自分に言い聞かせていては、未来を切りひらこうとする意欲も失ってしまいます。したがって、これらの考え方を修正し、修正した考え方を常に自分に言い聞かせることが必要です。

(1)　今までいいことが少なかったから、これから先もろくなことがない

これから先に何があるのかは、誰もわからないのです。このような考えをもっていると、プラスの可能性も低下させ、新たな行動に取り組む意欲がなくなるだけではなく、生き方を工夫しようとする意欲も喪失してしまいます。

⇩　今までいいことが少なかったので、これからは少し違うやり方でやってみよう

(2)　もって生まれた性格だから、人から好かれないのも仕方がない

性格は遺伝と環境が複雑に絡みながら影響を与えているわけですから、遺伝だけを強調するのは、あきらめにつながります。対人関係の取り方を工夫しようという意欲も喪失してしまいます。また、取り組まない言いわけにしかすぎないと思います。

⇩　人と良好な人間関係がもてるように、自分の性格のいい面を強調したり、出し方を工夫してみよう

(3) すべての人に好かれていたい

自分がすべての人を好きではないように、他人も同様です。それなのにすべての人に好かれようとみんなの顔色を伺っていると、結局八方美人になって、自分を失ってしまいます。また、人は八方美人には深い人間関係を求めようとはしないものです。

⇩ 自分らしくいたいから、半分の人に好かれれば十分である

(4) つらい体験をしたら深く落ち込み、耐えられない

誰でも今まで経験したつらい体験を思い出すと、とても悲しくなるのは当然です。なるべくつらい体験を避けたいのも人情です。しかし、それでもやってこれたのも事実です。耐える力は徐々に高まっていくものですから、これから先も何とかやっていけるでしょう。

⇩ つらい体験で落ち込むことは誰にでもある、格好が悪くてもやりすごせる

(5) 自分にはいいところが何もない

すべて長所だけの人はいないように、すべて短所だけの人もいないのです。人の長所と短所は連続しており、長所は短所になり、短所は長所になるのです。たとえば、リーダーシップをとれるという長所は、でしゃばりという短所にもとらえられますし、場を盛り上げる会話ができないという短所

は、控え目・聞き上手という長所に切り替えることも簡単なのです。

⇩　自分のいろいろな面を見つけ、よりよく伝わるように表現していこう

(6)　人にはいい人と悪い人がいる

これも(5)と同じで、二者択一的な考え方です。人はそんなに単純な動物ではありません。現在は、何かの理由であなたにとって都合のよい態度をとっていたり、不愉快な態度をとっているのにすぎません。自分のいっときの感情を絶対視しないで、相手のいろいろな面を見ることが必要なのです。そういう姿勢が、友好関係を形成する可能性を高めるのです。

⇩　人にはいろいろな面がある、どういうときにどういう対応をするのか観察しよう

(7)　今からではもう遅い

確かにある目的を達成するルートには、最短のルートもあります。しかし、最短のルートをとることが、常に最もよいというわけではありません。私もカウンセラーになる前に、いろいろな経験をしてよかったと思っている一人です。やりたいことが見つかっても、もう遅いと思うのは、失敗や苦労を恐れる自分が、自分の心をあきらめさせようと説得しているのです。あきらめても、心のむなしさは残るものです。

⇩　やりたいことが見つかったのは幸せ、目標に向かってできるところから取り組んでいこう

(8) 自分のことは自分にしかわからない

自分の本音の気持ちは、自分から人に伝えなければ、周りの人はなかなかわからないのは事実です。しかし、自分の本音の気持ちは周りの環境から生じている部分もありますし、言葉以外の表情や態度、そして行動から相手に伝わることも事実なのです。

そして、自分で自分を理解する見方は、どうしても自分の感情の強い影響を受けますから、願望や事実が混同され、対人関係のなかで実際に起こったことを、ゆがんで受け取ってしまうことが多々あるのです。つまり、自分にしかわからない部分もありますが、周りの人のほうが見て知っている部分もあるのです。

⇩ 良好な対人関係を望むなら、自分にしかわからないことは周りの人に伝える努力をしよう、周りの人の意見を参考にしよう

自分の力を信じられる人は、これから先につらいことがあったとしても、つらい経験を通して、より自分らしい自分が形成されるということを信じることができるのです。それが、自分の未来は自らつくっていくという意志につながるのです。

3　対人関係は自分を確立する有効な方法であることを理解する

人は小さい頃から自分の思いに他者の評価や指摘を取り入れ、自己のイメージを形作っていくものです。自分だけでは独りよがりに陥りますし、他者の評価だけにふりまわされていると、自分というものを失います。そのバランスが大切なのです。大事なことは、人間は他の人との関わりがなければ、自分というものを確立することが難しいということです。思春期に入る頃から、人は心の中にもう一人の自分が生まれ、もう一人の自分が自分を見るようになると言われています。つまり、自分を客観的に見ようとする視点が生まれてきます。そこに他者の評価や指摘が活用されるのです。

自分の存在を受け入れてくれ、的確な評価や温かいアドバイスを本音で言ってくれるような人との対人関係は、人を大いに成長させます。したがって、そのような対人関係をずっともてきた人は、そんなに苦労しなくとも、自然と自分を確立していくことができるのです。また、そのような人は対人関係から生じる喜びを知っていますから、自ら対人関係を広げ、深めていきます。周りの人からも、自分を確立した人間的魅力のある人に見えることでしょう。不幸にも途中で対人関係にいいイメージをもてなくなってしまった人は、徐々に対人関係が狭く、浅くなっていきますから、前述の人の逆の展開に陥ってしまうことが多いのです。

つまり、自分を確立するのに最良な方法は、いろいろな人と、親しみがあり本音の交流ができる対人関係を、より多くもつことなのです。そして、そのような対人関係を通して、人はコミュニケーションの力、社会の常識、道徳心などを身につけることができるのです。人を育てる対人関係は、支配―被支配関係、いろいろな形の依存関係、本音を隠した役割上の関係、その場の盛り上がりを重視した表面的な関係ではなく、一人の人間同士が互いを尊重しながら本音で交流できる、ギブ・アンド・テイク（もちつもたれつ）、イーブン（両者のプラスとマイナスが平等）の関係なのです。このような対人関係を一つでももてるように今からトライすることは、自分らしく生きることにつながるとともに、多くの喜びを与えてくれるでしょう。

また、本音のふれあいのある対人関係、感情交流そのものが、人の生きる力を活性化させる面を持っています。これは、どんなに年をとっても、どんなに偉くても、人には不可欠のものです。

第2節　できることから意識して行動する

自分のことを見つめることができたら、実際に意識して行動し、そのときの感情を味わい、自分で評価していく方法を私は勧めます。人の考え方・行動・感情は三位一体なのです。十分自分を見つめたら、あとは行動していくことが新たな展開を生むのです。感情や考え方は行動の後からついてきます。まずは行動するほんの少しの勇気をもつことです。自分の生きる意味は、はじめから用意されているものではなく、自分でつくっていくものだと思います。好きだなと思うことにとりあえず取り組んでみるのです。その中で、何気なく感じる充実感、自分が自分であることの喜びをかみしめることができるでしょう。

行動に移るときは、対人関係を少しずつ広げる、少しずつ深めることが大事です。次のようなやり方はどうでしょうか。最低二か月は続けるつもりでやってみて下さい。

1　自分の現在の生活に、一つの新たな場面を設定する

まず、日常の小さな出来事に敏感になることが大事です。そして、人からの好意を期待するのではなく、自分から能動的に働きかけていくことが大切です。

その一つの方法として、自分の現在の根本に関わる生活のなかに、利害関係がない一つの枝葉を入れてみるのです。ポイントは、うまくいかなければやめることができるもの、目的意識をもちすぎず、楽しそうだという感情を大事にすることです。たとえば、大学生でしたら、他の学部のおもしろそうな講義をもぐりで受けてみる、社会経験とわりきって肉体労働や単純作業のバイトをやってみるなどです。高校生でしたら、町の図書館に通ってみる、町の広報などにでている短期のボランティアに参加してみるなどです。何かを身につけよう、お金をしっかりかせごう、どこまで勉強しようなどとはあまり考えず、おもしろそうだと思ったことに取り組むのです。

2　新たな場面に対人関係を少しずつ盛り込む

対人関係は最初は表面的でいいのです。まずは、新たな場面で出会う人一人に、自分からあいさつすることから始めましょう。たとえば、図書館のカウンターの人に「こんにちは」と言ってみる、常連で人のよさそうな人と目があったら軽く目礼してみる、講義室で「ここ開いてますか」と言って隣に座るなどです。基本的なあいさつだけは、しっかりすることを目標にしましょう。このようなささやかな感情の交流の積み重ねが、実は最も大事なのです。

そして、そのなかで偶然生じる人との関わりがあった場合は、背伸びをしない、いい人を演じない、等身大の自分で話すようにしてみるのです。利害関係がないのですから、飾らない自分をだして万が一失敗しても、大して失望しないものです。逆に、飾らなくても、けっこう何とかなるものだということに気がつくでしょう。

これを二か月続け、徐々に関わる人を自分から少しずつふやしていくのです。

3　対人関係を少しずつ深める

表面的にでも対人関係をもつことができたら、まずその関係で話されているレベルを検討します。

歌手の話題などの表面的な話題なのか、自分の内面を語りあうレベルなのかということです。これは表面的と内面的を両極端にして、一本の線で表すとわかりやすいでしょう。

表面的 ―┼―┼―┼― 中間 ―┼―┼―┼― 内面的

こうすると、自分の周りの人との対人関係のレベルが、だいたい理解できます。そして、自分がこれからも大事にしたい、深めたいと思う対人関係があったら、現在のレベルよりも一目盛り分だけ、自分から先に内面を語るのです。内面を語るとは大げさなことではありません。言葉のなかに本音の感情を適切に盛り込むのです。例えば、「誘ってくれてありがとう。実は一人だったらどうしようと、少し不安だったんだ」という具合です。大事なことは、自分から先に語ることです。自分は心の内を見せずに、相手にだけ見せることを期待するのは虫がよすぎますし、イーブンな関係が崩れます。そうすれば、相手はあなたのレベルに合わせてくるでしょう。また、相手が先により内面を語ってきたら、そのレベルの対人関係を求めているのですから、あなたがその対人関係を深めたいと思っている場合は、相手のレベルに合わせて応えてあげる必要があります。それによって相手は満足し、対人関係も徐々に深まっていくのです。ポイントは場の状況をじっくり見るということと、ゆっくりゆっくりということです。あなたがいくら内面の話題にふっても、相手がそのレベルで応えてこなかったら、今のところ相手はそのレベルまでは踏み込む意志はないと考え、しばらく相手のレベルで対応することです。

うまく対人関係が深まらない人の特徴は、場の状況がうまく把握できず、その場の話題のレベルより二つ以上内面を語ってしまい、重い雰囲気をその場に与えてしまう人です。その逆が、その場の話題よりも常に二つ以上表面的な内容を話してしまい、周りの人からあたりさわりのないレベルの人に思われてしまう人です。そういうパターンが続いてしまうと、だんだんと周りの人はあなたから離れていってしまいます。

現代社会で生きていくには、人は対人関係をいくつか同時にもっています。そのすべてを深い対人関係にすることは不可能です。やはりバランスが大事なのです。なんかむしゃくしゃしたときは、パーッと表面的な話題で盛り上がるときも必要です。しかし、内面的な話題を共有できる相手は、今日は軽い話題で盛り上がろうという場合でもやっていけます。だが、表面的な話題のみを共有している相手とは、表面的な話題のみに終始してしまいがちです。したがって、できることなら、より内面に至るレベルの対人関係が形成できると素晴らしいですね。まとめると、対人関係の形成は、自ら徐々に広く、徐々に深くなるように行動していくことです。すでに広くを達成できている人は、3の「対人関係を少しずつ深める」から取り組んでもよいでしょう。

自分の行動を評価し、自分でほめよう

以上、1から3の取り組みには、徐々に高いレベルに至るように、自ら具体的な目標を設定するこ

とが有効です。例えば、バイトを始めたら、バイト先の人に自分からあいさつをするなどです。そして、毎日その日の評価を、よくできた○（二点）、ほぼできた△（一点）、できなかった×（〇点）とカレンダーに書き込み、一週間で合計点が五点を越えたら、自分に自分でささやかなご褒美をあげるようにするのです。ちょっと贅沢なケーキを買って食べるなどです。ご褒美が三週続いたら、見たかった映画を観るなどの、ちょっとランクアップしたご褒美をあげるとともに、目標をワンランク上げてみるのです。

いかにも子どもっぽい方法で一笑に付す人がいるかもしれませんが、意欲の持続には意外と有効です。とくに他の人の評価ではなく、自己評価であることが大事なのです。ポイントは、自分にとって意味のあることを最終目標にして、それに至る小目標を期間ごとに具体的に決めていくことです。小目標は、ほんの少し頑張れば達成できるくらいがちょうどいいです。計画をたてて失敗する人の特徴は、目標が高過ぎて途中で意欲を喪失し、あきらめてしまう場合が多いのです。

余談ですが、私も仕事をしながら博士論文を三年間で完成させたとき、この方法を活用しました。一日四時間は論文作成に費やすことを目標にしました。そして、評価は前述と同じです。一週間で合計点が一〇点を越えたら、週末に大学院の友人と二時間ほどコーヒーを飲みながら、雑談することをご褒美にしました。それが三週続いたら、週末に友人たちと居酒屋にいって、ワイワイやりました。単調な取り組みには、とくに自分で自分に刺激を与えることが大事なのです。この自分なりのペースが身につけば、取り組む意欲が持続し、取り組み自体が少し楽しくなってくると思います。最後のほうになると、取り組み自体が完成の手応えを感じておもしろくなってきました。そして、博士論文を完成させたとき、自分もなかなか頑張れるじゃないかと、自分に対して自信を持つことができたのです。学位を得た喜び以上に、やりとげた満足感が大きかったのです。

第3節　対人関係形成のポイント

親和的で本音の交流がある対人関係は、自分を確立するとても有効な方法であることはたびたび述べました。それでは、その良好な対人関係を形成するためのヒントを最後に整理したいと思います。ポイントは、相手に好印象を与えるような態度や行動を身につけるのではなく、ありのままの自分とうまくつきあい、自分らしさを相手に効果的に伝える、自分の出し方を工夫することです。

1　相手をよく観察する

自己理解がある程度できていれば、自分の心のしこりに付随する、相手に対する先入観や偏見も少なくなるでしょう。これが他者理解の前提です。したがって、自分の理解がある程度できたら、今度は相手をよく観察し、理解しようとすることが必要です。ただ、人の心は一〇〇パーセント理解できることはあり得ないのです。ですから、わかったような気にならないで、常に相手の新しい面を探すように、いろいろな面に視点をあて、理解するように努めることが肝要です。他者理解の注意点としては、次のようなものがあります。

①自分と同じ面ばかりをさがそうとしない
②相手に無理やり合わせようとしない
③相手に先入観をもたない（自分が相手にどのような偏見を持っているのかに気づく）
④相手を良い悪いの二者択一でみない
⑤人の心は一つに統一されているのではなく、いくつかの思いが同時に存在していることを意識しておく

2　相手の話を聞く

まず相手の話を聞くという姿勢から入り、相手が話しやすい雰囲気をつくり、会話が継続するような対応をすることが必要です。

相手の話を聞く注意点としては、次のようなものがあります。

(1) **相手が話にくい雰囲気を自分のなかにつくらない**

- 相手に合った目のあわせ方をする
- 座る角度を工夫する（正面は理性が働き、横並びは情愛の雰囲気をつくる）
- 相手との距離を工夫する

(2) **相手がもっと話したくなるような対応をする**

- 相手の話を途中でさえぎらない
- 相手の話にうなずく
- 話の内容について表情でも反応する
- 「それで」「それからどうしたの」という具合に話を促す
- 相手の話でわからないことは率直に質問をしてみる

つまり、相手や相手の話に興味があることを、メッセージとして伝えるのです。

(3) **相手の伝えたいメッセージを読み取る**

- 相手はその言葉で何を伝えたいのかを考える
- 言葉の裏にある感情を、「～と感じたということですか」と確かめてみる

3　自己表現する

自己表現するためには、まず、自分の感情を自分が的確にとらえていることが必要です。今、自分がどのように感じているのかという、自分の感情に敏感になることが第一歩なのです。そのためには、感じていることにぴったりあう形容詞を考えてみるといいでしょう。「むかつく」「さいてい」などのほんのわずかな言葉で、自分の感情を常に表現する習慣をつけていると、だんだんと自分の感情に鈍感になってきます。たとえば、自分からあいさつして、相手の返事が素っ気なかったら、「むかつく」で終わらせないのです。そのときの自分の気持ちは、「切ない」のか「寂しい」のか、それとも「不安」なのかという具合に考えてみるのです。そうすると、目の前の出来事から生じたと思われる感情のなかに、自分の期待や願望が混じって感じていることに気がつくでしょう。前述の例で、「不安」というのはそれにあたります。自分の期待や願望が混じって感じている人は、ちょっとしたことで落ち込んだりしやすいのです。自分の感情に敏感になればなるほど、相手の気持ちもわかるようになってくると思います。そして、相手の感情にあった言葉を工夫することができるのです。

自分を良い悪いの二者択一でとらえないことも重要です。自分は暗い人間だと決めつけている人も、実は人見知りする部分が八〇パーセントで、ユーモアも二〇パーセントくらいあるものです。気を許せる相手には、けっこうジョークも言えるのではないでしょうか。明るい人だって、おしゃべりやユーモアが七〇パーセントで、実は人の目を気にする部分が三〇パーセントくらいはあるものです。私がカウンセリングする人のなかには、最初はとても寡黙でも、慣れてくるとけっこう自分を語る人が多いです。その場面だけを人が見れば、その人は多弁な人だと思うでしょう。つまり、人は相手や場面によって、自分のなかに持っている性格のうちから必要な部分を取り出して表現しているのです。ですから、自分にないものをつくって相手に見せようとするのではなく、自分の人見知りする部分八〇パーセント、ユーモア二〇パーセントをもとに、親和的な対人関係をつくるためには、相手にどのように伝えるか工夫すると考えればよいのです。

また、最初から苦手な相手という人がいます。「虫が好かない」という人です。理屈以前に相手が不快なのです。こういう相手は誰にでもいるのです。では、なぜそういう感情が起こるのでしょうか。それは、相手のなかに自分と同じ心のしこりを直観的に感じ取ってしまう、心のしこりの原因となった親の態度と似たような雰囲気を感じ取ってしまうからです。つまり、「虫が好かない」相手というのは、あなたの心の深いところにある、あなたの心のしこりを刺激する人なのです。言うなれば、あなたの影みたいな人です。ですから、最初はすごくつらいかもしれませんが、そういう人をよく観察すると、自分というものがよく見えてきます。ですから、ただで勉強させてもらうと思って、その人の態度や行動をよく観察し、自己理解に役立てればいいのです。

自己表現する注意点としては、次のようなものがあります。

・あいさつ、会釈、敬語などの最低限の対人関係のマナーを守る
・相手のわかりやすい言葉で話す（自分の友人グループのなかだけで通じる俗語は、グループ内の人の結束は固めるが、結束が固まれば固まるほど、外の人たちとの距離が広がることを知っておく）
・ちょっとしたことでも、「ありがとう」という言葉を忘れない
・会話のなかに相手の名前を意識して入れる
・伝えたいことは結論から先に話す
・自分の感情を伝える（「私は……と思う」という形で話す）
・うまく話せなかったら、相手の話に表情を変化させて応じる（同感だと思ったらうなずいたり、ユーモアを感じたらニコッとするなど）
・背伸びしないで、等身大の自分で対応する
・どうすれば相手に好かれるのかではなく、どうすれば自分の好意を相手に伝えられるかを考える
・自分から先に、一歩踏み込んで内面を話す

細かいことは、まだまだたくさんありますが、最低限これだけのことは頭に入れて、あとは実際に体験して、あなたに合った、あなたらしさを相手に伝えやすい方法を、自分でつくっていってほしい

と思います。

私は職業がら、とても多くの人と出会います。そのなかには悩んでいる人もたくさんいます。私は自分も悩むタイプなので、この職業につけてラッキーだったとよく思います。それは、多くの人に出会って、自分のいろいろな面に気づかされることが多いからです。仕事や対人関係が絶好調で、他の人にも優しくできるときの自分も自分、壁にぶつかって暗く落ち込み、愚痴を言ったり人を恨んだりするときの自分も自分なのです。人の心は、自分でも心理学者でも、一〇〇パーセント理解できるなんてことはありません。万華鏡のようなものです。ちょっと動かして違う場面になると、新たな模様が浮かび上がってくるのです。そういういろいろな面を、人は合わせ持っているということがわかると、人との関わりを求め、自分をもっと理解したいと思うのです。そして、少しでも自分を理解しようという姿勢が、他の人との関わりを大切にしようという意識につながり、結果的に対人関係も良好になるのではないでしょうか。

つくづく思うのは、人の喜びや幸福感は、結局、何かをやった、誰々と盛り上がったという出来事や対象のなかにあるのではなく、自分の心のなかにあるのではないかということです。どんなに経済的に豊かでも、心にむなしさを感じている人は少なくないと思います。むなしさを紛らわせるために、はしゃいだりお酒を飲んだりしますが、ずっとそういう気持ちを紛らわすためには、そのような刺激をどんどんふやしていくしかないのです。それはある意味では、悲しい、寂しいことかもしれません。人は自分には、ウソをつけないのですから。

最後に、私が自分を支えるために大事にしているいくつかの言葉を記します。みなさんも自分を支える言葉をいくつか見つけて、一日五分暗唱する習慣をつけるといいと思います。

●多くの人との出会いは、自分を知る喜びにつながる
●楽しさとつらさの感情は相対的なもの
●大きな喜びを得る人は、大きなつらさを知っている
●愉しく生きている人は、愉しもうとする心をもっている
●取り組むプロセスに熱中できれば、結果の不安は消えていく
●現在が過去の結果なら、未来は現在の結果である
●今、全力投球をする

最初の一歩が一番大きな勇気を必要とします。今のみなさんならその一歩をふみだす力が湧いてきたのではないでしょうか。未来のライフラインは、あなたの実生活に描いていきましょう。

あとがき

私は二十五歳のとき、酒浸りの不摂生とスポーツでの怪我の後遺症で、激しい吐血をし、約一年間入院生活を送りました。最初の半年は、大手術を含めほとんど集中治療室に入院していました。その後、容体が少し安定し、集中治療室の隣の隣の二人部屋の病室で、三か月間を過ごしました。

集中治療室の隣の一人部屋の病室は、ふだんは空いていて、いよいよ死期が近い患者さんが入室し、家族の方がたがずっと付き添っているという状態の病室でした。つまり、私が集中治療室から入室した病室は、隣の病室への一歩手前というレベルの病室でした。私はこの病室で、今まさに死期が近づいた人たちと過ごしたのです。自分もそのときは、同じ容体だったわけですが。

相部屋になった人で、今の私に強い印象を与えた方が二人いました。一人は建築関係の職人さんで、もう一人の方は一流企業の常務さんでした。二人とも五十代後半の方で、進行した癌の患者さんでした。お二人とも自分の病気について、告知を受けていました。私はそのお二人の様子を隣のベットで見ていて、人が生きるということの意味は何なんだろうと、自分なりに真剣に考えました。

そのきっかけは、お互いに比較的体の調子のいいとき、消灯時間を少しすぎた頃から、その方がたが自分の生きてきた歴史を私に語ってくれたのです。最初は当たりさわりのない会話から、自然にそのようになったのです。病院の夜の時間は長いですから、その方がたの歴史を詳しく聞かせてもらいました。自分の生きてきた歴史を私に語ることによって、お二人は、自分で自分の人生を受け入れようとしているようでした。私の父と同じ世代のお二人の話から、とても多くのことを学びました。内容は記しませんが、人にはそれぞれかけがえのない人生があること、あとから考えれば後悔もありますが、そのときそのときには精一杯の選択をして生きてきたことなどです。家族、仕事、趣味・道楽などが交差しながら何回も話に登場し、その人が生きてきた歴史が、その人を形づくっていることを強く感じました。

ただ、現在の心境に話が及んだとき、お二人は正反対の心境を語ってくれました。建築関係の職人さんは、「若い頃から働いてつらいこともあったが、楽しいこともたくさんあった。今は孫もできて幸せだが、この幸せのなかでゆっくり安めと神様が決めてくれたんだろう。自分の人生は幸せだった。財産もないから、残された家族がけんかすることもない」というようなことを楽しそうに語ってくれました。意識がなくなる前日まで、家族や同僚の方が頻繁にお見舞いにこられて、よく笑い声が聞かれました。どのような人がきても、医師や看護婦さんがきても、同じような感じで話す人でした。夜も高いびきで、すぐにぐっすり寝てしまう人でした。

それに対して、一流企業の常務さんは、一流大学に入り、一流企業に入って、そのなかで出世争いを勝ち抜いてきたことを中心に、生きてきたなかでつらかったことや楽しかったことを同じように話してくれました。しかし、現在の心境は、「心残りがたくさんある。このような病気になってとても残念だ、悔しい」ということを力説していました。この方は、学校社会ぐらいしか知らない私に、利潤追求を目標に、激しい競争のある企業社会、そのなかで生きている人びとの様子などを話して下さり、私は自分の視野が広がった思いでした。ちょうど日本はバブルの真っ最中の時期でしたから、私はバリバリのビジネスマンとして最前線で働いていたこの方に、ある種の理想像を見た思いでした。ただ、隣にいて気がついたことは、医師に対する態度と、看護婦さんにときどき強く注文をつける態度に違いがあるなと思いました。厳しい企業社会、つまり肩書きや役割の社会のなかでずっと生きてきた結果なのかなと、そのときは思いました。明け方、ときどき彼のすすり泣く声が聞こえました。

　お二人の人生をうかがって、どちらの生き方が幸せなのかなどと言うつもりは全くありません。比べること自体が無意味であり、答えは人それぞれだからです。あれから十五年以上たった今日でも、私は年に一、二回くらいは、ふと入院当時のことを思い出すことがあります。そして、幸せとはなんだろうと考えるのです。入院時にうかがったお二人の生きてきた歴史を思い出すと、もうすぐ自分の人生が終わるというとき、その人の社会的な地位や役割、経済的状況、家族関係を越えて、自分なりに自分の人生に意味を感じられたかどうか、自分なりに納得できること（自己実現）ができたという実感を持てたかどうかが、幸せな人生だったと思える鍵ではないかと現在は思っています。自分が生きてきた歴史をどうとらえるのか、それがその人の幸せとどうつながるのか、ライフラインに、私はこの頃からこだわっていたのでしょうか。

本書の執筆にあたって、多くの事例の整理に協力してくれた、岩手大学大学院学校教育・心理学科の大学院生の皆さんにとても感謝しております。途中から、教官と学生という枠を越えて、ライフラインについて深夜まで語り合ったことが、とても勉強になり、かつ楽しかったです。そして、私の企画に興味を持っていただき、本として形作ってくださった、誠信書房の長林伸生さんに心からお礼申し上げます。

最後に、本書が多くの方がたに読まれ、ライフラインを語り合う仲間がふえることを祈って、筆を置きたいと思います。

平成十二年五月

河村　茂雄

著者紹介

河村茂雄（かわむら しげお）

早稲田大学 教育・総合科学学術院 教授。博士（心理学）。日本カウンセリング学会認定カウンセラー，学校心理士，臨床心理士。

筑波大学大学院教育研究科カウンセリング専攻修了。公立学校教諭，教育相談員を経験し，岩手大学助教授，都留文科大学・大学院教授を経て現職。論理療法，構成的グループ・エンカウンター，ソーシャル・スキル・トレーニング，教師のリーダーシップと学級経営について研究を続ける。「教育実践に活かせる研究，研究成果に基づく知見の発信」がモットー。

日本カウンセリング学会常任理事，日本教育心理学会理事，日本教育カウンセリング学会常任理事，日本教育カウンセラー協会岩手県支部長。主な著書に，「教師のためのソーシャル・スキル」「教師力」「学級崩壊に学ぶ」「変化に直面した教師たち」「フリーター世代の自分探し」（誠信書房），「日本の学級集団と学級経営」「学級集団づくりのゼロ段階」「楽しい学級生活を送るためのアンケートQ-U　小・中・高校版」（図書文化），「教師のための失敗しない保護者対応の鉄則」（学陽書房）など。

心のライフライン
――気づかなかった自分を発見する

2000年7月10日　第1刷発行
2018年9月10日　第10刷発行

著　者　河 村 茂 雄
発行者　柴 田 敏 樹
印刷者　西 澤 道 祐

発行所　株式会社　誠 信 書 房

〒112-0012 東京都文京区大塚3-20-6
電話　03 (3946) 5666
http://www.seishinshobo.co.jp/

あづま堂印刷　イマヰ製本所　　落丁・乱丁本はお取り替えいたします

ISBN4-414-40348-0　C1011

心のライフライン2

フリーター世代の自分探し

新しい自分史のすすめ

ISBN978-4-414-30328-5

河村茂雄編著

心のライフラインはだれでも簡単に書ける自分史である。自分の生きてきた道筋を，自分が感じた幸福感の高低によって一本の線でつないでいく。何があったかより，そのとき自分がどう感じたかを重視し，自分に対する理解を深めていく。本書では，若者たちやフリーターの赤裸々な自分史が展開されている。

目　次

四六判並製　定価(本体2300円+税)

心のライフライン3

変化に直面した教師たち

一千人が中途退職する東京の教師の現状と本音

ISBN978-4-414-20218-2

河村茂雄著

教職という仕事に自信をなくし，辞めていく教師が増えている。とりわけ学校改革が強力に推進されている東京の教師たちにその傾向が強いという。今，学校現場では何が起こっているのか。本書は，改革のなかで試行錯誤している先生の実態を教師のライフライン（自分史）を通して紹介する。

目　次

四六判並製　定価(本体1800円＋税)

教師のための ソーシャル・スキル

子どもとの人間関係を深める技術

ISBN978-4-414-20212-0

河村茂雄著

子どもとの関係がうまくいかない」「学級経営がうまくいかない」などの悩みを抱える教師が増えている。こうした問題を解決するために，本書では，子どもとの関係を良好にするコツとポイントを，教師が学校現場で生かせるようにわかりやすく解説している。

主要目次

1　教師はソーシャル・スキルをみがく時代がきた
　・なぜうまく活用できないのか
2　子どもたちの実態をつかむ
　・現代の子どもたち・教師の力とは
3　教師の思いを適切に伝える
　・適切な伝え方とは
　・学校現場でのソーシャル・スキル
4　適切に対応できない隠れた原因
　・思っているように伝わっていない
5　学級集団に対応する
　・基本的な動き

四六判並製　定価(本体1800円+税)

授業に生かす カウンセリング

エンカウンターを用いた心の教育

ISBN978-4-414-40349-7

國分康孝・大友秀人著

教師が学校で生徒に接する時間で一番長いのは，授業時間である。その授業を生き生きとしたものにするにはどうすればよいか。本書は，カウンセリングの理論と技法を生かしながら，個別指導の配慮，適切なリードなど，対話のある充実した授業を行うための方法を実践をふまえてわかりやすく解説する。心の教育を目指す，すべての教師必読の書。

目次

1　授業不成立を克服するカウンセリング
2　授業に役立つカウンセリングの理論・技法
3　授業に生かすカウンセリング
4　サイコエジュケーション
5　能動的で集団対象のカウンセリング
6　授業での教師の成長
7　授業に役立つカウンセリングの今後の課題

四六判並製　定価(本体1200円+税)